# ローマ五賢帝

## 「輝ける世紀」の虚像と実像

南川高志

講談社学術文庫

# 目次

ローマ五賢帝

プロローグ――人類が最も幸福であった時代……9
第一章　訪れぬ光――五賢帝時代の始まり……25
1　皇帝たちの政治　25
2　「暴君」ドミティアヌスの最期　42
3　「賢帝」ネルウァの登場　59
4　動揺する「賢帝」　66
5　皇帝トラヤヌスの誕生　73
第二章　最良の皇帝――トラヤヌスのローマ帝国……85
1　実現した平和と安定　85
2　「ローマ人」のローマ帝国　98
3　元老院議員たちの実像　108

第三章　賢帝か暴君か――ハドリアヌスのローマ帝国……124
1　「暴君」ハドリアヌス　124
2　疑われた皇帝　129
3　ハドリアヌス政権成立の真相　146
4　偉大な統治者への道　156
5　後継者問題と悲しき晩年　165

第四章　苦悩する哲学者皇帝
――マルクス・アウレリウスのローマ帝国……177
1　アントニヌス・ピウス帝の美徳　177
2　幼い哲学者　184
3　パルティア戦争とマルコマンニ戦争　192
4　戦争と新しいエリートたち　209

エピローグ――最盛期のローマ帝国を支えたもの……228
参考文献……235
あとがき……237
ローマ五賢帝関係年表……240
学術文庫版のためのあとがき……248

# ローマ五賢帝

「輝ける世紀」の虚像と実像

# プロローグ――人類が最も幸福であった時代

## イギリスの「万里の長城」

イギリスの北部に、中国の「万里の長城」を想わせる長大な石造りの防壁がある。東端のニューキャスル市から西方に向かってブリテン島を横断し、カーライル市を経て西端のボウネスに至る、東西一一七キロにも及ぶ城壁である。この「長城」が造られたのは紀元二世紀前半、今からおよそ一八八〇年以上も昔のことで、建造したのはこのイングランド北部とは遠く離れたイタリアの中部に本拠をおくローマ人たちであった。建造された時のローマ皇帝の名前をとって、今日この防壁は「ハドリアヌスの長城」と呼ばれている。

ローマ人が大挙して現在のイギリスにやってきたのは、かのシーザー（ユリウス・カエサル）の時（紀元前五五年と五四年）が最初であるが、その約一〇〇年後の紀元四三年に、時のローマ皇帝クラウディウスはこの島に約四万の大軍を送って征服活動を始め、四七年頃までにはイングランド中央部と南部を制圧してローマ人の領土とし

ハドリアヌスの長城

た。さらに征服活動は北に向かって進み、紀元八〇年代には、遠征の最前線は今日のスコットランドにまで到達した。「ハドリアヌスの長城」は、このようにして獲得した領土を北部の敵対する諸部族から防衛するためにローマ人が造ったものである。城壁に守られたローマ人の新しい領土（属州ブリタンニア）には、数多くの都市が建てられ、また、延べ八〇〇〇キロに及ぶ道路が造られた。そして、そこにイタリア半島

の生活・習慣が持ち込まれた。イギリスの数多くの都市がローマ人の要塞に起源を持ち、現在もイギリス各地にたくさんのローマ時代の遺跡、とくに浴場や円形闘技場の跡などが見られるのはこのためである。

この長城を建てさせたローマ皇帝ハドリアヌスは、実際に自らブリテン島を訪れている。紀元一二二年頃のことである。また、この皇帝はブリテン島に限らず、ローマ人の支配する当時の「世界」をくまなく歩いた。そして、行く先々で人々に恩恵をもたらし、広大なローマ帝国領の充実に努めたのである。その最も有名な事績は、ギリシアにおけるものであろう。

ハドリアヌス帝

## アテネ復興の名君

ハドリアヌスは紀元一二四年に皇帝として初めてギリシアを訪問し、各地で恩恵を施した。そして、一二〇年代末と一三〇年代初めには、とくにアテネを再訪している。この地で皇帝は祭典に参加したり、図書館などの公共建築物をアテネの町に寄贈したりした。今日アテネを訪れると、有名

ゼウス・オリュンピオス神殿、背後にアクロポリスとパルテノン神殿が見える

なパルテノン神殿のあるアクロポリスと並んでゼウス・オリュンピオス神殿の柱が容易に旅する者の目に入るが、この神殿は、ギリシア文化華やかなりし頃に着工されて以来六〇〇年以上もの間未完成のままだったもので、それを一二〇年代末にハドリアヌスが完成させ、落成式を挙行したのである。現在残る柱を見ただけでも当時の偉容を想像するのは難しくないほど、実に壮大な神殿であった。

ギリシア文化の中心地であったアテネは、ローマの支配下に入ってからはかつての繁栄を取り戻すことができずにいたが、ハドリアヌスはその栄華を再現しようとしたかにみえるほど多大な援助を行った。そのために、彼はアテネの人々から神として崇《あが》められた。あちこちに彼の像が建てられ、第一回のアテネ訪問の時に彼が到着した月、ボエドロミオンの月が、アテネの暦の一年の初めとなったほどである。アテネの新旧の両市域を画するところに立つ門（いわゆるハドリアヌスの門）には、その内側に「ここはアテネ、テセウス（伝説の英雄）の造れる町」と刻されているが、外側には「ここはハドリアヌスの造れるアテネの町。テセウスの造れるものにはあらず」と刻まれているのである。

ハドリアヌスの門

## 「世界」を旅した皇帝

紀元一一七年に即位したハドリアヌスは、一二一年頃最初の大旅行に出発した。まず現在のフランスにあたるガリアに行き、そこからゲルマニア、すなわちドイツの方に進んで、その地方を守る軍隊の規律を改善した。ハドリアヌスは兵士とともに辛酸をなめ、簡素な生活をともにして自ら模範を示した、と古代末期に書かれた彼の伝記には記録されている。一二二年には現在のオランダのあたりからブリテン島に渡り、冒頭で述べた長城の建設を指示している。ガリアに戻って、南フランスのニームの町で、先帝トラヤヌスの后で少し前に死亡したプロティナのために神殿を建てた後、スペインに向かった。スペインのタラコ（現在のタラゴナ）では、散歩していた時

ローマ帝国の最大版図
(ハドリアヌス帝即位直前)

ブリタンニア
ライン川
下部ゲルマニア
ベルギカ
ルグドゥネンシス
上部
ゲルマニア
ラエティア
上部パンノニア
ノリクム
アクィタニア
ナルボネンシス
アルペス
ニーム
下部パンノニア
ダルマティア
ルシタニア
タラコネンシス
タラコ
コルシカ
ローマ
バエティカ
イタリカ
サルディニア
地
マウレタニア・カエサリエンシス
ヌミディア
シキリア
(シシリー)
マウレタニア・ティンギタナ
アフリカ・プロコンスラリス
中

に、滞在していた屋敷の正気を失った奴隷に危うく殺されかけたが、この男を取り押さえてかつ処罰せず、治療のために医者に引き渡したという美談を残している。

一二三年末に船でスペインから東方へ向かい、シリアを経て今日のトルコの各地、さらにはルーマニアなどのドナウ川沿岸各地を訪れ、一二四年にはギリシアに入った。ギリシア各地に恩恵を施し、海路シシリーへ渡った。この島では、有名な火山エトナ山に登って日の出を見たという。一二五年には首都ローマに戻ったようであるが、四年半に及ぶ大旅行であった。

ところが、一二七年に即位一〇周年の記念祭を祝うとまもなく、ハドリアヌスは再び大旅行に出かける。一二八年の訪問地は北アフリカであった。首都に一度戻るが、数週間後にはアテネに行き、そこで先に述べたゼウス・オリュンピオス神殿の奉献を行っている。一二九年には現在のトルコに渡り、さらに一三〇年にはエジプトに至るが、ナイル川で最愛の美少年アンティノウスを失うという悲劇に出会うこととなった。これについては後の第三章で再び述べたい。悲嘆にくれるハドリアヌスは一三一年にシリアを経てアテネを再訪。一三三年にはパレスチナを訪ねて、首都に戻ったのは一三四年の早春であった。

このように、ハドリアヌスはローマ人の住む世界、彼が統治に責任を持つ世界を歩き続けた。古代末期に成立した皇帝伝記集『ローマ皇帝群像《ヒストリア・アウグスタ》』に含まれる「ハドリアヌス伝」には、「それまでのいかなる皇帝も、ハドリアヌスほどに多くの領土を、かつ迅速に旅した者はいなかったといえよう」と記されている。まさに休むことを知らぬ皇帝であった。

**詩人の皮肉**

こうして「世界」各地を巡幸した皇帝ハドリアヌスは、才知にあふれた人物でもあった。「ハドリアヌス伝」の一六章に、次のような記事が残されている。ある時、詩人のフロルスという者がハドリアヌスのところに詩を書いて送ってきた。

皇帝なんぞにはなりたくない。
ブリトン人の間をうろついて、
……の間に潜んで、
スキュティア人たちの地の冬を
辛抱せねばならぬから。

一部原典に欠損部分があるが、ハドリアヌスが今日のイギリスやローマ帝国東部の辺境地帯を視察旅行したことを、詩人フロルスが見事に皮肉っていることは容易にわかる。ところが、これに対してハドリアヌスは次のごとき返事を送ったと伝えられている。

フロルスなんぞにはなりたくない。
安料理屋の間をうろついて、
居酒屋に潜んで、
まるまる太った蚊の餌食になるのを
辛抱しなければならぬから。

見事な返球というほかはない。このような詩のやりとりが実際になされたかどうかは怪しいが、古代においてハドリアヌスという皇帝が、こうしたユーモアのセンスのある、機知に富んだ人物であったと思われていたことはまちがいないであろう。

**「人類が最も幸福であった時代」**

ハドリアヌスが統治をした時代のローマ帝国は、今日のヨーロッパ諸国のほとんどを領土にしていたばかりでなく、アフリカ大陸北岸、中近東地方、黒海の周辺まで支配下に入れていた。北の国境線は先に述べたように今日のイギリスの北部にあり、南では領土はエジプト南部、西ではモロッコまで広がり、東部の国境線はハドリアヌス治世初期に幾分後退したものの、それでもシリア地方を前線基地としてチグリス・ユーフラテス両河上流地方で東のパルティア王国に対して優勢を保っていた。そして、この広大な領土を、国境線に沿って配備されたローマ軍兵士と防壁が守っていたのである。

広大な領土の内部は、皇帝の指導する中央集権的な政府が統治していた。帝国内はラテン語が公用語とされていたが、帝国の東半分ではギリシア語が半ば公用語として通用しており、皇帝の官房にはラテン語とギリシア語で公文書を書く書記局が置かれていて、首都からの指示は遠い領地（属州）の片田舎にまで届いた。ローマ人の法律と貨幣、度量衡が、地中海を内海とするこの広大な世界に行き渡り、地中海そのものも海賊の脅威もなく平和のうちに交易が行われた。交易のルートは、この時代地中海世界を越えて紅海からインド洋にも及んだ。東南アジアからローマ貨幣が出土しているのは、まさにその証拠である。

ハドリアヌスが統治した紀元二世紀の前半は、国境地帯では外部の勢力との戦いがあったもののローマ側がきわめて不利な状態になったことはなく、また内政上も安定していて帝国を二分するような内乱もなかった。政治的には静穏な時代であり、経済活動も盛んで、これまで歴史家たちがこの時期をローマ帝国の最盛期とみなしてきたことも無理はない。一八世紀イギリスの有名な歴史家エドワード・ギボンは、かの『ローマ帝国衰亡史』の中で、この時代を「人類が最も幸福であった時代」とまで評している。

### 歴史家ギボンの理想

エドワード・ギボンのこの時代についての評価を端的に表している部分を、中野好夫氏の訳（筑摩書房、一九七六年）で次に引用しておこう。

一世紀近くにも及ぶ幸福な時期にあって、その統治は、ネルウァ、トラヤヌス、ハドリアヌス、そして両アントニヌス諸帝とつづく傑《すぐ》れた君徳と能力とによって導かれてきた。

かりにもし世界史にあって、もっとも人類が幸福であり、また繁栄した時期とはいつか、という選定を求められるならば、おそらくなんの躊躇もなく、ドミティアヌス帝の死からコンモドゥス帝の即位までに至るこの一時期を挙げるのではなかろうか。

ギボンの最初の文章に出てくる両アントニヌスとは、ハドリアヌスの後継者となったアントニヌス・ピウス帝と、さらにその後継者であるマルクス・アウレリウス・アントニヌス帝を指している。ハドリアヌスを含むこれら五人の皇帝たちは、今日日本ではローマの五賢帝と呼ばれ、英明・公正・寛大な理想的統治者と理解されている。一方、後の引用文に出てくるドミティアヌスはネルウァの前の皇帝で、「暴君」のレッテルを貼られた人物である。紀元九六年、このドミティアヌスが暗殺されネルウァが即位して五賢帝時代が始まったのである。また、コンモドゥスはマルクス・アウレリウス帝の実子で、マルクス帝が一八〇年に世を去ってこのコンモドゥスが即位することにより、五賢帝時代は終わりを告げる。歴史家ギボンは、この「不肖の息子」コンモドゥスが暴政を行ったことからローマの衰退が始まったことをとくに強調している。

このように君主の白黒がはっきりした単純な解釈は、ギボン以前から存在していたが、ギボンによって啓蒙的な意味を与えられ、英明な君徳ある皇帝たちが統治した理想の時代としての五賢帝時代という歴史像はいっそう定着した。そして、一九世紀以降の近代的な歴史学研究が発展してからも揺らぐことはなかった。

## 憎まれた賢帝ハドリアヌス

ところで、これまでの話に登場してきた五賢帝第三番目のハドリアヌス、この才知に富んだ賢帝は、実は驚くべきことに、古代においてはたいへん評判が悪かった。在位中から周囲の人々に非常に恐れられ憎まれていた。

人々の憎しみは、彼の死とともに表面化した。紀元一三八年にハドリアヌスが死亡し、後継者のアントニヌス帝が先例にならって彼を国家神の列に加えるため神格化しようとした時、これを審議する元老院の会議で強い反対が出た。もし、神格化されなければ、かの有名なネロ帝や先にふれたドミティアヌス帝と同様にハドリアヌスは「暴君」のレッテルを貼られてしまうことになる。彼は「国家の敵」とされ「記憶の抹消」がなされて、統治に関する行為はすべて無効とされてしまうのである。

そこで、アントニヌスは涙を流しながら次のように演説したと、ローマ時代の歴史家ディオは伝えている。

わかりました。では、もし彼が下劣で諸君に敵対する者で、「国家の敵」とされるのであれば、わたくしは元首（皇帝）の位に就くのをやめることにしよう。なぜならば、諸君が彼を「国家の敵」とすることで彼の行為すべてが無効となるのであり、その無効となる行為の中に、わたくしの養子縁組も含まれているのであるから。

この演説を聞いた人々は、新皇帝アントニヌスに対する敬意と皇帝を支持する兵士たちに対する恐怖から、ハドリアヌスを神格化することに渋々同意した、とディオは記している。こうして、ハドリアヌスは「暴君」と断罪されることから逃れることができたのであったが、この後も古代の文献に見られるハドリアヌス評価は芳しくない。今日「賢帝」の美名をほしいままにしている彼は、当時なぜかくも憎まれたのであろうか。

この答えは第三章で詳しく語ろう。ともかくここで読者に気づいていただきたいのは、次のことである。すなわち、英明で君徳ある皇帝たちが続けて現れ、ローマが平和と安定の中で繁栄を享受した紀元二世紀、こうした輝きに満ちた時代という歴史像にはそぐわない、賢帝が実は憎悪されていたというようなこの時代の陰の部分の存在である。そして、この時代の輝く部分ではなく、むしろこの陰の部分にこそ、この時代がローマ帝国の最盛期であった理由を解き明かしてくれる秘密が隠されているのではないか、と私は考えている。

これから私は、紀元九六年の五賢帝時代の開幕から、一八〇年に五賢帝最後のマルクス帝が世を去るまでの歴史を語ることになる。私が述べる紀元二世紀の様相、それは世界史の教科書で記された平和と安定の五賢帝時代像とは少々異なるものになるであろう。そして、平和な時代というイメージとは相容《あいい》れない、皇帝をはじめとした帝国の政治エリートたちの暗闘を、読者は理解されることになろう。一八〇〇年以上も昔の話ではある。わが国はまだ弥生時代の段階にあった頃である。しかし、そこにも今日の世界と同じく、権力、名誉あるいは幸福のために格闘した人々がいたことを実感していただければ幸いである。

# 第一章　訪れぬ光――五賢帝時代の始まり

## 1　皇帝たちの政治

### 「ローマ皇帝」とは何か

五賢帝最初のネルウァが即位したのは、紀元九六年のことである。カエサル（シーザー）の養子であるオクタウィアヌスが政敵アントニウスを打倒して新たな政治体制――皇帝政治――を創始してから、すでに百数十年が経過していた。ネルウァが即位した契機は、皇帝ドミティアヌスの暗殺という大事件であったが、この当時は皇帝が暗殺されたからといってかつての共和政――貴族たちの集団指導体制――に帰ろうという発想は、現実政治のレヴェルではまったくなかったといってよいであろう。皇帝の存在と彼によって指導される政治体制は、ローマ人にとってはもう自明のものとなっていたのである。

ところで、「ローマ皇帝」とはいかなる存在であったのか。この問いは、古代ロー

（右）「暴君」ドミティアヌス、（左）「賢帝」ネルウァ

マ史の学界で古くから論じられ、今日でも論じ続けられている重大問題である。定義についての論争もあったし、今日では人類学的な観点からの見解も発表されている。しかし、ここでは、五賢帝時代の皇帝像を読者に理解していただくために、その前提となるような説明をしておこう。

　アントニウスとクレオパトラを滅ぼし、カエサル暗殺後の内乱を制してローマ国家の最大の有力者、最高の名士となったオクタウィアヌスは、首都へ帰還した後、それまで有していた大権をすべて国家（元老院とローマの人民）に返還すると申し出た。これに対して、共和政時代以来、政治の担い手であった有力者の集まりである元老院は、彼に改めて数多くのイタリア外の領土（属州）の統治を委ねた。これが、オクタウィアヌスに対する「前執政官命令権」の付与という出来事で、紀元前二七年一月一三日のことであった。続く一月一六日に、元老院はオクタウィアヌスに「アウグストゥス」（尊厳なる者）の尊称を与えた。

　この一月の出来事、とくに「前執政官命令権」の付与という出来事をもって、今日一般的にローマの新しい政治体制の始まりとされている。「ローマ皇帝」が誕生したのは紀元前二七年一月ということなのである。本書でも通説に従い、この年以降をローマの帝政時代とし、政治の最高指導者オクタウィアヌスをアウグストゥスと呼ぶことにする。

さて、政治を取り仕切り軍隊を動かす共和政ローマの最高公職「執政官」と同等の者、すなわちわが国でいう「前執政官」が、イタリアの外の領土である属州を統治するための権限、これが「前執政官命令権」であるが、この権限を与えられたアウグストゥスは、紀元前二七年から一人でいくつもの属州を担当することになった。しかも、外敵の侵入の恐れがあり安全が確立していないために軍事力が必要となる属州をもっぱら担当することになったから、戦時の大権を返還したといっても、アウグストゥスは自己の担当属州に軍団を駐留させて軍事力のほとんどを保持し続けたのである。

紀元前二七年の属州委任の際には、アウグストゥスの担当する属州以外の領土は、

アウグストゥス

共和政時代と同じく元老院が管轄することになったが、紀元前二三年にアウグストゥスは「上級」の「前執政官命令権」を得ることによって、元老院管轄の属州についても干渉できるようになり、実質的にローマ人のイタリア外の領土すべてを管轄下に入れることができた。共和政時代に重要な役割を果たした「護民官」の権限と、最高公職の「執政官」そのものの権限については、その職に就かずともその職の権限を常に保持できるようにした。これによってアウグストゥスは首都とイタリアに関する権限を完璧なまでに手に入れ、結局ローマ人の国家すべての統治権限を手中にしたのである。まさに、「皇帝」の名に相応《ふさわ》しい地位に就いたといえよう。

## 絶対君主ではない皇帝

しかし、アウグストゥスの得た権限は制度として共和政時代にすでに存在していたものばかりであり、新たに「皇帝」という称号を名乗ったり、養父カエサルのように「独裁官」となることはなかった。彼は一人で数多くの属州を担当することになったので、代理人を選んで属州統治のために各地に送り出すようになったが、これは、ローマ人のイタリア外領土の統治に関わる公職者をアウグストゥス個人が彼の代理人ということで私的に選任するわけで、民会や元老院で公職者を選出する共和政の形式からはずれるものである。けれども、これすら共和政時代に先例がなかったわけではない。アウグストゥスは政治の担い手である有力市民の集まり、すなわち元老院において、常時首席（ラテン語の「プリンケプス」）であり、意見を述べる際に常に最初に行う地位を得たが、これも共和政時代に存した慣例にすぎない。したがって、紀元前二七年に「ローマ皇帝」が誕生したといっても、決して前例なき新たな制度ができたわけではないのである。

しかも、アウグストゥス自身、養父カエサルの暗殺という教訓から慎重に身を処したため、アウグストゥスの新政治の開始を共和政の復活と理解した同時代人もいたほどである。彼は（奴隷に対する）「主人」の意味を持つドミヌス（主君）という呼称で同僚市民から呼びかけられることを嫌い、また属州で彼を神としてまつる神殿が建立されることを拒否した。「王」になりたがっているという疑いをもたれたカエサルとはたいへんな違いであった。アウグストゥスは古い神殿や祭祀を復興させ、ローマ古来の伝統の復活を盛んに宣伝してもいる。

それでは、この初代皇帝は実際にはさして権力を持たなかったのであろうか。それは違う。彼は、共和政時代の先例を踏襲しながらも、一身に数々の権限を集めたのであり、やはりそれは異例のことであった。そして、それ以上に重要なことは、法律上の権限とは異次元の力、つまりローマ社会を指導する最大の有力者としての「権威」が、彼の政治的な権力行使の基礎をなしていたということである。

この「権威」の重要性は、二〇世紀前半のローマ史研究の発展の中で明らかにされた。「権威」（ラテン語でアウクトリタスといい、英語の authority の語源）はローマ人の固有の概念である。ローマ社会では、家族生活から公的活動に至るまで指導的な人物がおり、人々は経験や知識、生活などの点で優越している人物に従って行動し、またそうした中に共同生活の秩序と安寧を見出していた。こうした指導的人物の持つ徳性が「権威」で、ローマ人は「権威」があると認めた人物には理由なしに従った。アウグストゥスはカエサルの後継者として、また混乱した社会秩序を再建した最高の名士としての「権威」に基づいて、政治を指導したのである。アウグストゥスが、晩年に自らの功績を記録し後継者ティベリウス帝によって青銅板に刻まれ墓廟の入口に掲げられた『神君アウグストゥス業績録』の中で、「私は権威の点で万人に勝ったが、権限の上では同僚を凌ぐことはなかった」と告白しているのは、まさにこのことである。

これまでの説明の中に「元老院」という言葉がしばしば出てきたが、これはラテン語のセナトゥス（senatus）の訳語である。現在のアメリカ合衆国の上院を指す英語senateなどの語源に当たるが、ローマの元老院は決して議会ではない。その原点は言葉通り長老たちの集まりであったであろうし、歴史時代の最初の元老院も血統貴族の家長だけで構成された団体であったと考えられる。しかし、紀元前五〇九年頃に始まったローマ共和政の歴史的展開の中で、元老院はやがて国家の公職に就いたことのある人々の集うところとなった。元老院はローマ社会を指導する「権威」を有する者たちが集まる場であったから、最高の権威を有したが、公職者が任期一年で同僚制が原則の共和政国家ローマにおいては、元老院は政治を行う公職者に公職経験者の集団として助言を与える機関から、次第にその権威に基づいて実質的に政治そのものを行う機関になっていった。ローマの共和政とは、元老院に集う有力者による集団指導体制であったといえるわけである。

さらに、この体制を維持するか打破するかをめぐる争いが、共和政末期の混乱の主軸をなした。アウグストゥスの養父カエサルは、この体制を破壊する挙に出て命を落としたのである。アウグストゥスが、政敵との戦いに勝ち残って最高の実力者になった後もたいへん神経を使ったのがこの元老院であったのは、当然のことであった。

元老院を構成する議員は、古くは三〇〇名が定員で、紀元前一世紀前半に六〇〇名に増やされたが、カエサル時代に大規模な編入や売官で九〇〇名ほどになり、内乱時代にはさらに増えた。エジプトから凱旋したアウグストゥスは、早速この乱れた元老院の刷新に着手し、数度の改革によって不適切な者を除き、定員を六〇〇名に戻した。さらには、国家の要職に就くことができる者は元老院議員のみとし、かつ財産資格を定め、元老院議員を騎士身分とはっきり区分して、その上位においた。皮肉なことに、元老院支配に反抗したカエサルの相続人によって、元老院は再び確立されたのであった。しかし、この元老院整備は、元老院への配慮や古ローマの伝統回復というジェスチャーではなく、次に述べるように、巨大な帝国統治の必要からなされたものであった。

## 巨大帝国統治のメカニズム

アウグストゥスが共和政時代の法的な権限を集中的に保持して、さまざまな実務をこなすようになったため、共和政時代の執政官、護民官などの公職そのものの意義は薄れてしまった。しかし、元老院議員の仕事がなくなったわけではなかった。

先に述べたように、アウグストゥスは数多くの属州を統治することを引き受けたが、彼自身が赴任できない現地へは、代理人を派遣した。この代理人になったのが、他ならぬ元老院議員だった。また、帝国の辺境地帯に駐屯する正規軍団の司令官の職にもアウグストゥスの代理人が派遣されたが、彼らもまた元老院議員だった。元老院管轄の属州の統治は共和政時代と同じであったから、結局イタリア外領土の統治や軍隊指揮は、皇帝政治が始まっても共和政時代と変わらず元老院議員たちが実際に行った。アウグストゥスは小さな属州や補助軍団の指揮などの職務は騎士身分に委ねたが、属州エジプトを例外として、それ以外の主要ポストはすべて元老院議員に任せたのである。

これは共和政の回復を唱えた彼のジェスチャーではなかった。属州を統治し、あるいは一軍団数千人に及ぶ兵士たちを指揮する能力と経験、そして権威を持つ人材は、当時元老院議員以外には存在しなかったからである。アウグストゥスは、国家宗教実践の必要もあって、パトリキと呼ばれる古くからの貴族家系を維持してゆくことをも考慮せねばならなかった。こうして、元老院を整備し、元老院を構成する人々を身分として確立・強化することは、アウグストゥス自身が指導する政治のためにも必要だった。

アウグストゥスの新体制は、内乱後の政界の再編ではあったが、社会変革ではなかった。したがって、「皇帝」が出現して以後も、ローマ社会を現実に支配・指導する階層は共和政時代と何ら変化なく元老院議員たちであった。アウグストゥスの新体制も、彼らを政権の基盤におかなければ成り立たなかったのである。

## ユリウス・クラウディウス朝の時代

アウグストゥスは病弱ではあったが、七七歳という長命に恵まれた。この長寿は、彼自身が作り上げた政治制度を定着させ、かつ彼の持つ公的な権力をその私的な相続人たる養子ティベリウスに円滑に継承させるのに大いに役立ったとみてよい。アウグストゥスの死とともに彼の権力は形式上消滅し、彼が保持した法的権限は改めて元老院によりティベリウスに授与された。ティベリウスはアウグストゥス以上に元老院に対して謙虚な姿勢で臨んだが、結果的にはアウグストゥスの保持した権力をすっかり受け継いだから、世襲がなされたのと何ら変わりはない。

アウグストゥスは相続人に恵まれなかった。娘婿たちや孫たちに期待をかけたが、皆に先立たれ、結局再婚した妻リウィアが先の夫との間にもうけていたティベリウスを養子とし、これにその地位を継がせた。ティベリウスはすでにクラウディウス氏族ネロ家の家長であったが、母リウィアがアウグストゥスと再婚し、彼もやがてアウグストゥスの養子となった。このため、カエサルやアウグストゥスの属したユリウス氏族とティベリウスの属したクラウディウス氏族が結合することとなった。ティベリウス以後、かの暴君ネロまでは、アウグストゥスとティベリウスの親族集団から皇帝が出るので、ネロの統治が終わる紀元六八年までをユリウス・クラウディウス朝時代と呼ぶ。

アウグストゥス死後のユリウス・クラウディウス朝時代は、アウグストゥスが創始した新たな政治システムが定着していく時代であった。紀元一四年にアウグストゥスが世を去って、皇帝の地位を継いだとき、ティベリウスはすでに五六歳であった。彼は、経験豊かな将軍でかつ有能な行政者であった。詳しく述べる余裕はないが、皇帝政治の定着や帝国国境の画定に関して、この皇帝やその治世のもった意義は大きいと考えられる。

ただ、皇帝になったとはいえ、ティベリウス個人はまことに不幸な生涯を送った人であった。壮年の間はアウグストゥスのもとで忍耐を要求される生活をし、皇帝になってからもしっかり者の母の目を気にせねばならず、また権勢欲の強い皇帝家の未亡人たちに取り囲まれて、陰惨な空気の中で皇帝としての務めを果たさねばならなかった。遂にいたたまれなくなった彼は、紀元二七年にはイタリア南西部、ナポリ湾の入口に浮かぶカプリ島に隠棲してしまった。二九年の母リウィアの没後、今度は首都での権力の代行を委ねていた近衛隊の長官セヤヌスが専横を極め、とうとう皇帝権にも手を伸ばしそうになった。この暴走は収めたものの、その後ティベリウスはいっそう猜疑心が深くなり、元老院議員たちに恐れられる暴君になってしまったのである。

紀元三七年に彼が没し、甥の息子ガイウス（通称カリグラ）が帝位を継いだ。老齢の暴君に代わる青年皇帝に周囲は大いに期待をかけたが、ガイウスの統治はまもなく暴政に陥り、紀元四一年に近衛兵に殺害されてしまった。この時、共和政への復帰が元老院議員の間で議された可能性があるが、近衛兵がガイウスの叔父クラウディウスを擁立したことで、帝政の継続がすんなり決まった。そしてその後は、「共和政」は歴史の彼方へと消えてしまったのである。

クラウディウスは、皇帝になるまでは何の政治経歴もない皇族であった。即位後、ブリテン島を征服して帝国領に加えるなど、皇帝位に相応しい人間であることを示そうと努力し、また属州の民に市民権を与えたり解放奴隷（もと奴隷身分だった者）を皇帝行政に多用するなど注目すべき行動もみせたが、再婚した姪のアグリッピナによって紀元五四年に毒殺されてしまった。そして、すでにクラウディウスの養子となっていたアグリッピナの先夫との子ネロが、皇帝位に就いたのである。

ネロは、よく知られているように、治世の初め頃は母が付けた側近のセネカらに従って、善政を施した。しかし、母との関係が悪くなり、ついに母を殺害してしまってからは無軌道な振る舞いをするようになり、「暴君」の典型を演ずることになっていった。

　恐怖政治を行って元老院議員たちから憎まれるようになったネロが、しかし自らを最高の詩人・芸術家であると任じ、ギリシア各地を旅して種々の競技会を開催させては一等賞を「獲得」していた頃、着々と離反の準備がなされていた。そして、ネロがギリシアから戻ってまもなく、ついに反乱が始まった。紀元六八年春、属州ガリア・ルグドゥネンシス（現在の北フランス）の総督をしていたウィンデクスがネロに反旗を翻し、属州ヒスパニア・タラコネンシス（現在の北部、東部スペイン）総督であったガルバに即位するよう要請したのである。

　このウィンデクスは、まもなくネロに忠誠を誓った属州ゲルマニア駐留軍との戦いに敗れて自殺した。最初ガルバを公然と支持したのは、すぐとなりの属州の総督オトのみであったが、やがて首都の近衛隊がガルバ支持にまわって元老院とも提携してネロを見捨てたため、ネロは六八年六月九日についに自害して果てた。三〇歳を過ぎたところであった。

## 内乱の紀元六九年

こうして、ネロが死ぬとガルバが皇帝となった。彼は共和政時代以来の名門スルピキウス氏族に属する高貴な家系の出であったが、即位した時にすでに七〇歳を越えていて、当時のローマ人の平均寿命や観念からすればたいへんな高齢であった。このガルバに対して、属州下部ゲルマニア（現在のドイツ西部）駐留の軍団が従わず、翌六九年の年頭に自分たちの司令官である属州総督ウィテリウスを皇帝に推戴したため、帝国に約一〇〇年ぶりの内乱の危機が訪れた。ガルバは危機を克服する手段として、老齢の自分の地位を安定させるため、高貴な家系の青年ピソを養子とすると発表した。ところが、早くからガルバの反乱を支持し、自分こそガルバの後継者と自任していた元老院議員オトは、このガルバの養子縁組に衝撃を受け、帝位への願望を成就せんと近衛隊を抱き込み、一月半ばにガルバとピソを殺害させて、代わって帝位に就いてしまった。

オトはこの時三六歳。イタリアの古い家系に属する元老院議員で、宮廷でネロの親しい側近となった放蕩者である。しかし、ネロに妻ポッパエアを奪われ、属州ルシタニア総督（現在のスペイン西部からポルトガルあたりの地方）に体よく左遷されてしまったため、ネロに対する復讐の機会をねらっていた。

一方、ウィテリウスはこの当時五三歳。二度執政官を務めたことのある人物の息子で、彼自身も数々の公職を歴任していた。しかし、この人物がローマ史の中でたいへん有名なのは、政治家や将軍として傑出していたからではなく、その底知れぬ食欲のゆえであった。ローマ人は現代人に比べて食事の回数が少なかったといわれるが、このウィテリウスは常時三回、ときには四回の食事をとったという。この当時のローマ人には嘔吐の習慣があった。これは、本来医者が過食の治療のために羽毛で喉を刺激して食べた物を吐かせていたのが原点であったが、多種多様の料理を味わうために、富裕なローマ人は普段でもしばしば用いるようになっていた。ウィテリウスはこの手段を使って、平気で宴会を梯子《はしご》していたらしい。そればかりでなくこの人物は、儀式の最中でも我慢できずに祭壇に供えてある菓子をとってその場で食べるようなところがあったと史料は伝えている。

さて、その大食漢ウィテリウスを皇帝にいただく属州ゲルマニアの軍隊がイタリアに向かって進軍し始めたので、三月にはオトもこれを迎え撃つため首都を進発。四月一六日に北イタリアのベドリアクムで両軍が戦った。この結果はオト軍が敗退。オトは自害して果てた。勝利したウィテリウスは七月に首都に来て、元老院から皇帝として承認された。しかし、東方でユダヤ反乱鎮圧軍の総司令官をしていたウェスパシア

ウェスパシアヌス帝

ヌスが、七月初めにアレクサンドリアで皇帝として推戴されたため、事態は再び内乱へと突き進むこととなったのである。

このウェスパシアヌスという人物は、他の帝位競争者に比して家系の点でずいぶん見劣りがした。ガルバは共和政以来の名門の出、オトやウィテリウスも元老院議員の息子であったが、ウェスパシアヌスはイタリアの地方都市レアテの出身、父親は騎士身分の徴税請負人であった。しかし、情勢はこのウェスパシアヌスに有利に展開し、ウェスパシアヌス派の軍隊とウィテリウス派の軍隊が再びベドリアクムを戦場にして戦った結果、ウェスパシアヌス軍が勝利し、ウィテリウスは殺害された。これ以後、新たな帝位競争者は出現せず、ガリアで生じたバタウィ族の族長の反乱もまもなく鎮圧されたため、ウェスパシアヌスの単独支配が確立して、内乱は終結したのである。

この内乱の六九年については、同時代の歴史家タキトゥスの指摘に倣って、皇帝権力を生み出す真の力は首都の元老院ではなく、地方に駐屯する軍隊であり、その軍事力であるという「帝権の秘密」が暴露された年と、しばしば説明される。しかし、アウグストゥスの権力獲得の具体的な契機が政敵に対する軍事的勝利であったことを考えれば、この説明はそれほど驚くにあたらない。むしろ、地方の軍団に擁立されても結局首都の元老院の承認を得なければ正統な皇帝とみなされなかったこと、軍事力を背景に皇帝権力をめぐる争いに名乗りを上げた者たちが皆元老院議員であったこと、そして元老院議員でさえあれば古ローマ以来の伝統的な家系の出身者でなくとも帝位に就けたこと、これらのことを注目すべきではないかと私は考えている。

さて、新皇帝ウェスパシアヌスはフラウィウス氏族の出であった。そのため、この時から紀元九六年まで、彼と彼の二人の息子が統治した時代をフラウィウス朝時代と呼ぶ。

やがて、このフラウィウス朝の政権が倒れて、本書の対象である五賢帝時代が開幕することになる。ゆえに、フラウィウス朝の政治は、当時においても現代にあっても、五賢帝たちの政治の評価の直接的な前提をなしている。そこで、次に、ウェスパシアヌス、ティトゥス、ドミティアヌスの三皇帝の時代と政治を少し詳しく調べてみよう。

## 2 「暴君」ドミティアヌスの最期

### フラウィウス朝の時代

「ウェスパシアヌスの命令権に関する法律」と称するものを刻んだ青銅板が一四世紀中頃ローマ市で発見され、その内容が今日に伝えられている。そこには、ユリウス・クラウディウス朝の皇帝たちに与えられていたのと同じ権限がウェスパシアヌスに認められたことが記されている。アウグストゥスやティベリウスなどと家系的つながりがないフラウィウス氏族の出身者も、ユリウス・クラウディウス朝の諸皇帝と同等の政治権力を行使できるようになったことを、この青銅板は証明しているのである。

ウェスパシアヌスがローマ帝国の統治権を手に入れたことは、首都ローマ市の出でなく、一代前までは騎士身分であった新興の家柄の出身者が帝国の頂点に立ったという意味で、ローマ史上重要な意義を持つ。ローマが都市国家から地中海を内海とする巨大な帝国となり、それと同時にローマ市民権を所有する者も地中海世界大に広がった。やがて、その中から首都の元老院議員となる者も出てきた。イタリアの諸都市やイタリア外の属州の都市で活躍する名望家たちが、少しずつ中央政界にも参画するようになったのである。ウェスパシアヌスの登位は、そうした新興勢力の台頭を端的に表しているとみることができよう。

このように新興勢力が中央政治に関与するようになったのは、旧来の元老院貴族が家系の継続に失敗したからであった。ローマ古来の政治的伝統の担い手である元老院の構成者は、皇帝政治が始まって以来、変動が著しくなった。ローマ市やイタリア諸都市の古い家系が次々断絶していったのである。かつてはこの断絶の原因を諸皇帝の迫害などに求めたりしたが、今日ではそうではなく、生物学的原因や財政上の理由などで元老院議員家族が自らの再生産に成功しなかったからだと考えられている。

定員六〇〇名の元老院を満たすため、皇帝は新しい元老院議員を選抜したが、当然下位の身分や伝統のない家柄の出身者から補充されたから、議員の出身地もイタリアの諸都市や属州へと広がることとなった。属州出身者が元老院にたくさん入ってくることに保守的な人々から反対の声が上がったが、帝国統治に責任を持つ皇帝としては、そうした声に従ってはおられなかった。もっとも、皇帝の恩顧で新たに元老院議員となることができた人々は、そのために皇帝政治に従順であったかというと、必ずしもそうではない。むしろ、新しく参入したために、彼らはいっそう元老院に代表されるローマの政治的伝統を遵守する傾向があったことは、注目に値するであろう。

さて、ウェスパシアヌスは、自身がそうした新興勢力の出であったばかりでなく、元老院に新たなメンバーを大勢加えたことで知られている。彼は、紀元七三年から七四年にかけて元老院の改革を行い、とくに多くの帝国西部の出身者を元老院に入れ、また幾人かの元老院議員を古くからの名誉ある血統貴族に相当するパトリキという格式に列した。これによって、歴史家タキトゥスの岳父で南フランス出身のアグリコラや、スペイン出身でのちに皇帝となるトラヤヌスの父親らが、パトリキ貴族となった。こうした措置は、戦いで政治権力を勝ち取ったウェスパシアヌスが、自らの権力を支えてくれる新しい政治支配層を生み出すためにとられたと歴史研究者たちに解釈されている。しかし、内乱で混乱し欠員も多かった元老院を復興するのが第一の目的であったとみたほうが、むしろ自然であろう。

## 勤勉な皇帝ウェスパシアヌス

ウェスパシアヌスは、即位した時すでに五九歳であったが、たいへん精力的に仕事をして、ネロの暴政と内乱で疲弊した国家の再建に尽力した。財政の再建を行いつつ、一方ではネロの黄金宮殿の人工池を埋め立てて、そこに巨大な円形闘技場を建て始めた。この施設、正式にはフラウィウス闘技場というべきであろうが、今日も遺跡が残るコロッセウム（コロッセオ）のことである。かつてそこにネロの巨像（コロッススス）があったことからこの名が付いたが、ネロ一人の楽しみであった場を首都の民衆すべてが楽しめる娯楽の空間に変えることで民衆の支持を得たいと願った皇帝の気持ちが読みとれよう。五万人の観客を収容し、奴隷身分の剣闘士たち同士や猛獣と剣闘士が殺し合う残酷な見せ物を提供したこの壮大な建築物は、次のティトゥス帝時代に完成する。

コロッセウムの内部

このウェスパシアヌスは、紀元七九年に死んだ。死の直前、病重く苦しい思いをしていたにもかかわらず、平常のごとくに皇帝としての務めを果たし、使節に接見する時も決して横にならなかった。そして、「皇帝は立ったまま死ななければならない」と言い、立ち上がろうとして側近に抱きかかえられるようにして息を引き取った、と半世紀ほどのちに伝記を書いたスエトニウスは記している。まことに勤勉な皇帝らしい最期であった。

六九歳でウェスパシアヌスが世を去った時、彼に

剣闘士同士の闘い、当時のモザイク画から

は共同統治をしていた長男ティトゥスがいた。権力は何の問題もなく息子に委譲された。ここが、内乱時にピソを大慌てで養子とし自滅したガルバのケースとはまったく異なるのである。そしてまた、このことは実子に恵まれぬ皇帝がほとんどを占めた五賢帝時代を理解するためにも、たいへん重要になってくる。

## 名君ティトゥス

紀元七九年のウェスパシアヌス帝の死とともに、三九歳のティトゥスが皇帝となった。スエトニウスの『ローマ皇帝伝』によれば、彼は容姿端麗で、かつ威厳と気品をそなえていたという。少年の頃から優秀さを顕わし、文武両道に秀でていたとも伝えている。ほとんどすべての学問を容易に修め、ラテン語でもギリシア語でも即座に演説したり詩を書いたりできたらしい。さらにスエトニウスは、ティトゥスがきわめて情け深い人で、また気前のよいことでも抜きんでていたといい、次のような有名な逸話を記している。すなわち、ある晩餐の席で、ティトゥスは今日一日誰にも何も与えなかったことを思い出して、「諸君、私は一日を無駄にしてしまった」と言ったというのである。

ティトゥス治世の紀元七九年八月、南イタリアの有名な火山ウェスウィウス（ヴェスヴィオ）が噴火し、ナポリに近いポンペイやヘルクラネウムの町々が埋没するという大惨事が起こった。また、首都ローマが三日間にわたって燃え続けるという大火災も、彼の治世に発生している。スエトニウスはこれらの惨事に際して、この皇帝が政治の最高責任者としての配慮ばかりでなく、父親としての愛情を示したと讃える。ティトゥスは、被災した民を慰め、援助の手を差し伸べたのであろう。

この名君ティトゥスは、しかしわずか統治二年少々で死亡した。この時、市民は家族を失ったかのように嘆き悲しんだという。こうしたティトゥスには名君の典型像を見出すことができるかもしれな

ポンペイ遺跡、かなたにウェスウィウス山がみえる

ティトゥス帝の凱旋門

い。しかし、スエトニウスの「ティトゥス伝」をより注意深く読めば、ティトゥスが単に善良なる君主であったばかりでなく、民衆の人気を取る策を忘れず、機敏に対応していた様子もわかってくる。彼は、自分の建てた浴場で身体を洗っている時に、わざと民衆の入場を許したりするほどであったというのだ。

　ティトゥスが皇帝として行った政策とその意義については、治世が短く、評価は容易でない。しかし、彼の治世では政治に関わる元老院議員たちとの軋轢《あつれき》が生じておらず、皇帝の死を元老院議員たちが悲しんだことは確かである。民衆ばかりでなく、皇帝の周囲にいる政治支配層の人々の高い評価、これが跡を継いだ弟ドミティアヌスにとって、大きな課題となったことはまちがいない。

### 「第二のネロ」の登場

ドミティアヌスは、紀元八一年に兄ティトゥスの跡を継いで、二九歳で皇帝となっ

ドミティアヌス帝の貨幣、ゲルマン人に対する勝利を描いた紀元85年頃のもの

た。即位時、彼は元老院で、「私は父と兄に統治権を与えていた。今度それを返してもらったのである」と自慢げに語ったとスエトニウスは伝える。このような発言をドミティアヌスが実際に行ったとはにわかに信じがたいものの、彼が疲弊した帝国の再建を成し遂げた偉大な父と「名君」の誉れ高い兄に対して、非常に強い対抗心をもっていたことは想像に難くない。

　ところで、このドミティアヌスは、かのモンテスキューが「怪物」と呼んだように、ローマの典型的な「暴君」の一人に数えられてきた。「第二のネロ」と呼ばれたりすることもある。これは、ドミティアヌスを考える際の重要史料がそのような皇帝像を提供しているからである。同時代の元老院議員タキトゥスや小プリニウスらの作品はドミティアヌスに対する敵意に溢《あふ》れており、スエトニウスの「ドミティアヌス伝」は多くの逸話を提供して、彼の「暴君」像を増幅した。三世紀初めに活躍した元老院議員で歴史家のカッシウス・ディオという人物も、その歴史書の中で、ドミティアヌスが元老院議員たちを真っ黒に塗った宮廷の一室に招待したエピソードを記している。そこでは、客となった人々が、部屋と同様に真っ黒に身体を塗った幽霊のごとき少年たちに、あたかも葬式のような接待を受け、ドミティアヌスから死と殺人についての話を聞かされて、実際殺されることはなかったものの、恐怖のどん底に陥れられたことが伝えられている。

これらの史料の極端なドミティアヌス批判や中傷を割り引いて考えても、ドミティアヌスが嫉妬深く猜疑心の強い人物であったことは確かなようである。とくに、属州総督のアントニウス・サトゥルニヌスが反乱を起こして以降は、それが著しくなった。そして、不敬罪や反逆罪を適用して元老院議員たちを迫害した。自分に対する陰謀があったという理由で、多くの元老院議員を断罪したのである。スエトニウスによれば、彼自身次のようによく言っていたという。「皇帝とは哀れなものだ。実際に暗殺されない限り、暗殺の陰謀が確かにあったと信じてはもらえないのだから」。

### 伝統に反する政治

元老院議員を迫害し、元老院との関係が悪かったとされるドミティアヌスは、具体的な政策の点でも元老院議員に反感を持たれるようなことを行ったといわれる。その顕著な例とされるのは、執政官職の独占である。

ドミティアヌスは父や兄とともに七度、即位してから一〇度、計一七回も執政官職に就いている。これは、すでにスエトニウスが「ドミティアヌス伝」の中で指摘しているように、それまでの諸皇帝の中で最も多い回数である。この皇帝による執政官職独占が、当時の元老院議員たちの不満を呼び起こしたとみるローマ史研究者は少なくない。

しかし、実はドミティアヌスばかりでなく、父ウェスパシアヌスも兄ティトゥスも、執政官職に頻繁に就いているのである。フラウィウス朝の諸皇帝は、すでに執政官の権限を保有しているにもかかわらず、伝統のない家柄に権威を添えるために就任したのであろうか。

注意すべきは、ドミティアヌスの執政官就任が、元老院との関係が悪化していったといわれる治世後半には少なく、むしろ前半に多いことである。また、皇帝の実際の執政官就任は一年のうちのわずかな期間だけで、すぐ補充執政官と交代したから、実質的な打撃を元老院議員たちに与えることはなかったかもしれない。しかし、当時の元老院議員の書き残したものをみると、皇帝が執政官職を他の元老院議員に開放することを「自由」の回復と認識していたようであるから、フラウィウス朝、とくにドミティアヌスの正規執政官職の名誉独占は、元老院議員の一部に不満を呼び起こした可能性はあるといえよう。

　ドミティアヌスが元老院議員の選定や風紀監察を行うケンソル職の権限を皇帝権の一部とみなして「終身ケンソル」となったことも、ドミティアヌスの元老院支配という観点から学者たちに重視されてきた。しかし、ドミティアヌスはこの権限を、元老院議員を排除することよりも、新しい議員を選定する方に用いたようである。そして、何より彼はこの権限に基づいて、風俗の矯正をすることを好んだ。そのために、公職者や解放奴隷たちは厳しく統御され、行政は引き締まったものとなった。もっとも、不品行を理由にウェスタの祭女（かまどの神に仕える高貴な女性）を処刑したり、誓約違反のために祭女コルネリアを生きながら埋めさせるという残虐な処罰を実行して、「暴君」の印象を強めてしまったが。

　このように、役職や権限の点で、ドミティアヌスの措置が元老院議員に実質的に大きな打撃を与えたとはいえないようである。しかし、公式ではないにしろ、この皇帝は八六年頃より「主にして神《ドミヌス・エト・デウス》」なる称号を用いるようになり、また元老院へ凱旋将軍の出で立ちで現れたりした。こうした突出した行為と併せて、いま紹介した彼の政治姿勢が、それ以前の皇帝政治の伝統には反するものと周囲に受け取られた可能性は高く、保守的な人々の反感を買ったことは充分考えられよう。

**名行政家ドミティアヌス**

伝記作家のスエトニウスは、ドミティアヌスの暴君ぶりを描いたが、一方でこの皇帝が裁判や行政について厳格・公正無私に振る舞ったことも記している。そして、残存している史料を丹念に調べて、彼の行った政治的行為を検証した近年の研究者たちは、ドミティアヌスが行政者として優れていたことを明らかにし、この「暴君」の再評価を試みている。例えば、歴史家タキトゥスの岳父で属州ブリタンニア（現在のイギリス）の総督として着々と領土拡大の成果をあげていたアグリコラは、ドミティアヌスに職を解かれて首都に呼び返されたが、その理由は、皇帝に批判的なタキトゥスの史書のモチーフに従って、皇帝のアグリコラに対する嫉妬心にあると長く解釈されてきた。しかし、最近では、むしろ危機的であったドナウ地方の軍事的状況を打開する必要もあって、これ以上不必要なブリタンニアでの作戦の展開をやめさせるためにアグリコラを召還したと解する学者もいる。

ここで、ドミティアヌスが帝国統治にどのように臨んだのかを考えてみよう。彼の治世に総督や軍団司令官となって実際に帝国統治にあたった元老院議員らはどのような人々であったのだろうか。ローマ人が残した大量の碑文などを材料に、元老院議員や騎士身分など有力市民の名前、出身地、家系、経歴などを明らかにする研究がヨーロッパでは盛んである。「プロソポグラフィー的研究」と総称されるそうした作業の成果を参考にして考えてゆくことにしよう（「プロソポグラフィー的研究」については、八七ページ以下で解説する）。

まず、帝国統治の人材登用について特色がある。ドミティアヌスはパトリキ貴族を、軍事力を伴う重要職務から排除したのである。パトリキは共和政時代の血統貴族に相当する高位の貴族の名称で、この時代には必ずしも古い時代まで家柄をさかのぼることのできる者ばかりではなかったが、それでも古ローマの宗教の担い手として、また元老院に代表される政治の伝統の象徴として、その地位は重要であった。ドミティアヌスは、そのパトリキを軍団が駐留する属州の総督職に派遣することをほとんどせず、軍団司令官へのパトリキ登用も、のちに皇帝となるトラヤヌスのみである。彼らの公職は、元老院管轄の属州総督や公共水道の管轄など文官的職務に限定されているが、元老院管轄属州への派遣に際しても、父ウェスパシアヌスが新たにパトリキに昇格させた者を送ることをドミティアヌスは好んだ。平民系元老院議員をパトリキに新たに昇格させる措置をドミティアヌスはまったくしていない。

この政策に、皇帝のパトリキに対する警戒心を読みとることはできよう。彼が統治中に処刑したとしてスエトニウスが名を挙げている一〇名の元老院議員のうち六名がパトリキであったことは、このことの裏付けになるかもしれない。しかし、当時進行していた元老院議員公職経歴の整備の過程で、パトリキは軍務見習いなどをせず、首都での職務や文官的公職に就任を次第に限定しつつあった（詳細は二一六ページ以下参照）。ドミティアヌスはこのような傾向の中で、統治の向上を願って、軍務経験の不足で適格とは思われないパトリキを排除したと考えることもできる。

しかも、この点から観察するとき、ドミティアヌスがパトリキのみを排除の対象としたのではないことが明らかになる。ドミティアヌスは帝国東部の出身者を、格別多く新たに元老院議員とした。これと関連して、彼の治世には、執政官経験者の総督が統治する重要な皇帝管轄属州については、イタリアの出身者が就任する比率が低く、家柄の新しい属州出身議員の就任する比率が高くなっている。法務官という公職を経験した者が就く皇帝管轄属州総督や軍団司令官の職にも、父や兄の治世に比してドミティアヌス治世にはイタリア出身議員の就く比率が低くなっているのである。一方、首都の文官的公職や元老院管轄属州の総督職には、イタリア出身議員がそれ以前と変わりなく登用されている。

つまり、ドミティアヌスは伝統的な政治勢力に軍事力を所持する重要職務を委ねることを避け、属州出身者など新しい力を帝国統治に導入したのである。彼は一部の元老院議員や騎士身分の者を集めて開催する皇帝顧問会を重用した。従来の研究ではこれも元老院を軽視する行為と解されてきたが、円滑で効率的な統治の達成のためと考えてもよいのではないだろうか。のちに賢帝トラヤヌスが「ドミティアヌスは悪しき人物ではあったが、立派な友臣をもっていた」と評したと伝えられるように、ドミティアヌスの周辺には、顧問会に参加する人々を中心に優れた人材が集められていたと思われる。これと並行して、ドミティアヌスは騎士身分や解放奴隷にも要職への道を開いた。行政を引き締めたことはすでに述べたとおりである。

こうして、ドミティアヌスは統治の向上のために積極的に新しい人材を登用していった。古い家柄の議員に代わって帝国各地から新しい人材が中央政界に参入するようになったこの時代には、ローマの古来の伝統と巨大な帝国の効率的な統治との間に、いかに調和を保つかが皇帝政治の大きな課題であった。この課題に関して、ドミティアヌスは伝統的要素を無視し、現実的、積極的な姿勢をとった。これによって、彼は今日の歴史家から優れた行政者と評されるほどになった。しかし、彼の個人的な名誉欲や突出した行為と併せて、伝統重視の立場をとる当時の議員たちからは、不満や嫌悪が巻き起こることとなったのである。

**ドミティアヌス暗殺**

ドミティアヌスは、九六年九月一八日に宮廷内で殺害された。史料の伝えるところを整理すると、主犯は皇帝自身の侍従パルテニウスであり、他の陰謀参加者もほとんど皇帝の私生活に関係する人々であった。后のドミティアも関わっていたとスエトニウスは伝え、二人の近衛隊長官ノルバヌスとペトロニウスも関与していたという。三世紀初頭の史家ディオは、次の皇帝となるネルウァも陰謀を知っていたと述べている。

彼らが皇帝を殺害するに及んだ理由として、スエトニウスは皇帝が秘書エパフロディトゥスを死に至らしめたことを挙げている。猜疑心が昂じたドミティアヌスは、侍従や使用人に、いかなる理由があろうとも主人を殺したりしてはならぬことを悟らせるために、エパフロディトゥスに死を命じた。なぜなら、約三〇年ほど前にネロ帝が周囲に見捨てられて自殺しようとした時、使用人だったエパフロディトゥスがそれに手を貸したからである。まったくの見せしめであった。パルテニウスらはエパフロディトゥスと同じ運命をたどることを避けるため、暗殺という挙に出たのだとみることは充分可能である。皇帝は自分の従兄弟をも、突然、ほんのごく小さな疑いに基づいて死に追いやっており、周囲の者たちは皆、不安と恐怖の中におかれていたであろうから。

ドミティアヌスが恐怖政治をしき、元老院議員たちを迫害していたことはまちがいない。その政治においても、先に見たように多くの反発を受ける要因は存在した。しかし、実際に皇帝を暗殺した事件は、明らかに宮廷内のクーデタであった。ドミティアヌスに反発する元老院議員たちが、カエサル（シーザー）暗殺の時のように大挙して参加したものではなかった。

そもそも、ドミティアヌス時代の政治支配層には、皇帝に敵意を感じていた元老院議員も多かったであろうが、一方ではドミティアヌスの人材登用で上昇を遂げた人々もいたであろうし、個人的な交際で皇帝を支持していた者たちもいたであろう。元老院がこぞって皇帝に反対していたわけではない。そのような中で、突然、皇帝が姿を消した。そして、宮廷内クーデタの実行者たちが皇帝に担ぎ出したのが、老貴族ネルウァであった。これが五賢帝時代幕開きの契機であり、元老院がこぞってネルウァを選んだのではない。このために生ずる苦難を、「賢帝」ネルウァは一身に負わねばならなくなってしまうのである。

スエトニウスは、ドミティアヌスが兄ティトゥスと同じように容姿が端麗で気品があったと伝える。しかし、後年は頭髪の薄くなったのを悩んでいたとも記している。ドミティアヌスは友人に宛てて『頭髪の手入れについて』というパンフレットを著し、その中でギリシアの大詩人ホメロス作『イリアス』の一節を引きつつ、人の命のはかなさと頭髪のはかなさを掛けて、次のように書いたという。「若き日の毛髪が老いさらばえるのを、気丈に耐えるのだ。優美より心地よきものはなく、優美よりはかなきものもないことを知れ」（國原吉之助訳）。享年四四歳であった。

## 3　「賢帝」ネルウァの登場

### 「賢い」老人ネルウァ

今日残された史料には、ドミティアヌスが九月一八日に殺害され、同じ日にネルウァが即位したと記録されている。ネルウァはきわめて迅速に皇帝になったのである。ネルウァ自身が暗殺事件にどの程度関わっていたかは判断が難しいが、首謀者たちによって皇帝に擁立されたことは史料から見る限り疑いの余地はない。

ネルウァを「元老院皇帝」と呼ぶ史家がいるが、ネルウァは元老院によって承認を受けたものの、元老院によって選抜されたわけでは決してない。ネルウァを元老院の首席と想定し、筆頭元老院議員が元老院で皇帝に選ばれたのだと解する見方も存するが、ネルウァが筆頭元老院議員であったとする充分な根拠はない。せいぜい彼の家柄が古く、すでに老齢に達していたことくらいであろう。

ネルウァ帝

それでは、ネルウァは陰謀者に操られた非力な老人にすぎなかったのであろうか。どうもそれは違うようである。ここで、即位前のネルウァの経歴などをながめてみよう。

マルクス・コッケイウス・ネルウァは、中部イタリアのナルニア（現在のナルニ）で共和政時代にさかのぼる由緒ある元老院議員の家に生まれた。誕生の年は紀元三〇年とする説と三五年とする説があるが、前者が有力で、それに基づけば即位時六六歳ということになる。

ネルウァの曾祖父はかのマルクス・アントニウス（マーク・アントニー）配下の将軍であり、祖父は大法律家で皇帝ティベリウスの友人であった。父親も法律家であったらしいが、先代とは比較にならない程度で終わった。執政官職にまで達したかどうかも疑わしい。しかし、母親は紀元三三年に執政官になった人物の娘で、この母の系統を通じてネルウァはユリウス・クラウディウス朝とつながりをもっていた。

ネルウァの即位前の経歴には、属州を統治したり軍隊を指揮したりするポストは一つも発見できない。家柄の古い元老院貴族にはしばしば見られることではあるが、家代々の法律家としての仕事以外はしなかったのであろう。紀元一世紀の詩人マルティアリスの伝えるところによれば、ネルウァはネロ帝時代に詩を書いて皇帝に気に入られ、当代のティブッルス（ティブッルスは紀元前一世紀後半に活躍した有名な詩人）と呼ばれていたという。ただ、これらのことをもって、ネルウァを文弱な貴族と断定してはならない。

紀元六五年にネロに対する陰謀が発覚して、多くの元老院議員が処罰された事件があった。歴史家タキトゥスは、その主著『年代記』の第一五巻でこの事件を取り上げた際に、次のように記録している。ネロはこの事件の処罰を終えた後で、トゥルピリアヌスという元老院議員や近衛隊長官ティゲッリヌスとともにネルウァに勲章を与え、とくにティゲッリヌスとネルウァのためには凱旋将軍像を中央広場に建て、立像をパラティウムに置くほど名誉を高めたと。

この記事はネルウァに関する碑文からも確認でき、疑いのない事実である。ティゲッリヌスという人物は、ネロを暴政に導いた張本人とみなされているほど悪評の高い側近である。タキトゥスは慎重にもこの顕彰に何の注釈も付していないが、前後の文脈やティゲッリヌスと並べられているところから見て、ネルウァがこの陰謀発覚にあたって、ネロにとって「きわめて有益な行動」をしたことは容易に想像できるのである。

しかも、ネルウァはこのようにネロとたいへん親密であったにもかかわらず、次のフラウィウス朝の時代にも皇帝たちから優遇されているのである。ネルウァは、七一年に皇帝ウェスパシアヌスとともに正規執政官となり、九〇年にはドミティアヌスとともに、名誉ある二度目の正規執政官となっている。また、二度の執政官就任の間に宗教関係のポストに就任してもいる。

このように見てくると、ネルウァは文弱な貴族と単純に決めつけられない。彼は確かに、元老院内に強力な人脈を有しているような政治家ではない。しかし、皇帝や皇帝家とのつながりを常に失わずに、中央政界の荒波を乗り越えて地位を維持してきた貴族であった。長年の経験によって宮廷や皇帝というものを知り尽くしている、そして機を見るに敏な人物であった。皇帝暗殺の首謀者たちと結びつき、あるいは彼らに皇帝に擁立されたのも、このあたりにその原因があるように考えられるのである。

## 反ドミティアヌス派の台頭

さて、即位したネルウァはどのような政治をしたのであろうか。ドミティアヌスが去ってネルウァの統治が始まると、ドミティアヌスに憎しみを抱く元老院議員たちが台頭してきて、元老院は彼らの唱導によってドミティアヌスの「記憶の抹消」を決議した。この元老院議員たちを反ドミティアヌス派と呼ぶことにしよう。新皇帝ネルウァは先帝への報復的行動を容認したから、彼らは皇帝像を破壊し、ドミティアヌス治世に元老院議員らを陥れた「密告者」を告発し始めた。

ネルウァはドミティアヌスによって追放されていた人々の帰還を認め、貨幣に「公共の安寧」や「再興されたローマ」などの文字を刻印させて、新しい時代の到来を宣伝した。また、元老院において「元老院議員を殺さぬ誓い」を行った。ティベリウス治世以来、反逆罪などの名で元老院議員や騎士身分の者たちが数多く告発され、死刑に処せられてきた。この告発を、皇帝やその側近の意を受けて、あるいはまったく自発的に行ったのが、「密告者」である。ネルウァの「殺さぬ誓い」は、この悪しき「伝統」を断ち切ろうとする試みであった。

ところで、ネルウァが反ドミティアヌス派の意向に従っていた頃、首都の近衛隊は、ドミティアヌスの死に衝撃を受け、動揺していた。彼らの隊長である近衛隊長官ペトロニウスとノルバヌスは暗殺の陰謀に加わっていたのだが、ドミティアヌスに可愛がられていた兵士たちは事態を冷静に受け止めることができず、ドミティアヌスを「神君」と呼ぼうとしたという。それでも、ネルウァが擁立された時や貴族カルプルニウス・クラッススが反ネルウァ行動を起こそうとした際は、彼らは二人の長官の指示に従って静穏を保っていた。しかし、ノルバヌスに代わってカスペリウスが長官の一人になると、事態は大きく変化し始めるのである。

## 老人政治

新帝ネルウァは、元老院議員を政治に参加させるにあたって、注目に値する手段をとった。九七年一月の正規執政官に自ら就任するとともに、同僚に八〇歳を越えていたと思われるウェルギニウス・ルフスを選んだのである。このルフスは、六八年にネロ打倒を目指してウィンデクスが挙兵した時に、麾下《きか》の軍隊を率いてこの反乱を鎮圧した人物である。そして、その後兵士たちから皇帝に推戴されても固辞して帝位を争う内乱に加わらなかったという、たいへん気骨ある元老院議員であった。しかし、ルフスがこうした経緯で英雄になり、かつ政界を去ってすでに約三〇年の年月が過ぎていた。ネルウァは、その老いた英雄を引っぱり出してきたのである。ルフスだけではない。補充執政官に六五歳のアリウス・アントニヌスや七三歳のウェストリキウス・スプリンナを登用している。他にも、最初の執政官――たいてい四〇歳を過ぎて就任する――を二〇年以上前に経験した人々が要職に登用されているのである。

こうした政権の特色は早くから研究者たちに注目されてきたが、「老人政治」と呼んで意義付けを行ったのは、オックスフォード大学教授であったロナルド・サイム卿である。サイムは、これについて、政界に独自の人脈を持たないネルウァが、昔の友人たちに協力を依頼したのだと評した。しかし、私はそればかりではないと考える。彼ら老いた元老院議員たちを登用することで、元老院の伝統的な権威を尊重していることを示して、反ドミティアヌス派の態度を和らげようとの意図がネルウァにはあったのではなかろうか。

とはいうものの、このような政治方針は、ドミティアヌスの行った斬新な人材登用に逆行するものであった。紀元一世紀の帝国には、政治行動の基軸として、元老院に体現されているローマの政治的伝統の重視と、巨大な帝国と新しい政治勢力の台頭という現実への対応とがあった。ドミティアヌスは後者を重視したことで「優れた行政者」と評されるようにはなったが、前者を無視したことで多くの敵意を集めてしまった。ネルウァは前者を重視した。それは彼の即位をめぐる諸事情からやむをえないことであった。

## 4　動揺する「賢帝」

### 曖昧な皇帝の態度と近衛隊の暴発

ネルウァは、即位後、反ドミティアヌス派の行動を容認していた。しかし、彼らが「密告者」の告発や処罰を求めてもほとんど熱心さを示さなかった。また、ドミティアヌスのかつての寵臣たちを政界より排除することもしなかった。彼自身がドミティアヌス暗殺者たちに擁立された皇帝であったことを考えれば、ネルウァのこの態度はずいぶん曖昧だったとしか思えない。その理由としては、ネルウァ自身がドミティアヌスと親しい関係にあったことがすぐに思い浮かぶであろう。しかし、それ以上に重要なことは、ドミティアヌス時代の有力者が依然として中央政界で勢力を持っており、反ドミティアヌス派の要求ばかり受け容れることはできないとネルウァが現実的な判断を下したということである。先に述べたように、ネルウァはそうした政界の状況を見抜く力を持っていた。

ネルウァは政界に強力な人脈を持つ人物ではなかった。元老院内部に自己の支持集団を持たぬ彼は、長い経験によって得られた政治感覚に頼りながら、中央政界の安定と自己の政権の維持を模索する他はなかった。結局、この曖昧な態度は、脆弱な彼の政治的基盤から出たものであった。先帝時代の有力者、とくにドミティアヌスに近かった人々――彼らをドミティアヌス派と呼ぼう――と反ドミティアヌス派との均衡のうえに、ネルウァの政治権力はかろうじて維持されていたのである。しかし、この政権は、まもなく曖昧なままでは済まなくなる危機に直面することになった。動揺していた近衛隊が暴発したのである。

九七年のおそらく夏頃、新しく近衛隊の長官となったカスペリウスは、兵士を扇動してネルウァに対する反抗を始め、ドミティアヌス暗殺の首謀者である侍従のパルテニウスと近衛隊長官のペトロニウスを兵士に引き渡すよう要求した。これは、ドミティアヌス暗殺者によって擁立され、反ドミティアヌス派の行動を容認してきたネルウァにとり、たいへん厳しい要求であり、脅迫というべきものであった。

結果的にネルウァはこれに従った。そのため、二人は近衛隊兵士に引き渡されて、直ちに処刑された。カスペリウスの反抗はさらにエスカレートし、今度はネルウァに対して、先帝殺害の犯人を処罰したことに関して、公的に近衛隊に感謝するよう迫った。こうしてネルウァは、脅迫の下ではあれ、ドミティアヌス派に傾くような決断をし、さらにそれを明確化することを要求されたのである。

ところで、カスペリウスはなぜこのような行動をしたのであろうか。ある学者は、彼が同僚のペトロニウスを妬んでいて、ペトロニウスを陥れることが反抗の目的だったと考えているが、そのように想定する根拠は史料上存しない。実はこのカスペリウスは、ドミティアヌス治世に一度近衛隊長官になったことがあったが、ドミティアヌスによって解任されていた。解任されたためにおそらくドミティアヌスのことをよく思っていなかったであろうカスペリウスが、なぜドミティアヌスの復讐の指導者となったのか。また、ネルウァは自分に反抗するような人物をなぜ近衛隊長官という両刃《もろは》の剣になるような重要なポストに就けたのであろうか。謎めいたことばかりである。

### 小プリニウスの書簡

ネルウァの治世はこのようにして、新たな統治の開始時の混乱が収まらぬうちに、深刻な危機に陥ってしまった。ドミティアヌス派と反ドミティアヌス派との均衡のうえに立ってかろうじて維持されていたネルウァの政権は、近衛隊の暴発から大きく揺るがされることになったわけである。このような緊張がみなぎるネルウァ治世の様子を伝える貴重な史料がある。それは、『博物誌』の著者プリニウスの甥に当たる人物が残した一通の手紙である。わが国学界の慣例では、『博物誌』の著者を大プリニウスと呼び、その甥であるこの手紙の作者を小プリニウスと呼んでいるので、ここでもそのようにしたい。この小プリニウスは自分が書いた数多くの書簡を公にしているが、ウンミディウス・クァドラトゥスなる人物に宛てて書いたものがその問題の手紙である。少し長くなるが、訳出してみよう。

そうこうしているうちに、わたくしの友人で執政官を経験したことのある方々の一人がわたくしのところに来て、密かに注意深く話しながら、わたくしがあまりに向こう見ずに、また不注意に進み出したと叱りました。そして、訴えを思い留まるように警告して、次のように付け加えたのです。「貴殿は御自身を将来の皇帝たちにとって要注意人物としてしまったのですぞ」。わたくしは申しました。「皇帝たちが悪しき人物であるならば、そうであってもかまいません」。彼が去って行くと、すぐさまもう一人がやってきました。「貴殿は何を敢えてしようとしているのですか。どこへ向かって進もうとしているのですか。どんな危険に身をさらそうとしているのですか。将来がどうなるか知らない貴殿が、現在にどうしてかように信頼を置くことができるのですか。貴殿が挑んでおられるのは、すでに国庫長官であり、まもなく執政官になる、そしてさらにたいへんな声望と勢力ある友人によって支えられている人物なのですぞ」。そう言って、彼はある人物の名を挙げたのですが、その人はその時東方にあって強力な軍隊を指揮しており、たいへん重大で危険な噂が流れていたのであります。

小プリニウスはウェスウィウス火山の噴火で死んだ伯父大プリニウスの相続人となり、元老院議員としての経歴を歩みつつあった。彼は歴史家タキトゥスの友人であり、かつタキトゥスと同様、反ドミティアヌス派であった。ドミティアヌスが死んでネルウァの治世になると、小プリニウスはドミティアヌス帝時代に自分の友人を迫害した「密告者」ケルトゥスを告訴した。この手紙はその時の様子を伝えたものである。ケルトゥスはドミティアヌス治世ばかりでなく、ネルウァ治世にも勢力を持っていた。また、ケルトゥスには有力者が後ろ盾としてついていた。同じ手紙の別のところにはケルトゥスの弁護者の名が見えるが、その中にはドミティアヌス治世に活躍した有力者や密告者がおり、明らかにドミティアヌス派と呼べる人々であったのである。

この手紙によると、ケルトゥスを告訴しようとした時、小プリニウスの友人たちは次の皇帝が決まっていないこの時期に、危険な行動はやめるように次々と彼に忠告した。ネルウァは高齢で実子がなかったから、統治の始まりとともに、かつての内乱時のガルバと同様の帝位継承問題が発生していたのである。しかも、この手紙によれば、小プリニウスの友人は、ケルトゥスの後ろ盾となっている代表的な有力者の名を挙げて警告したのであるが、その人物は今東方で強力な軍隊を指揮しており、かつ重大で危険な噂が広まっていたというのであった。これまでローマ史の研究者たちは、この人物が属州シリアの総督で、重大かつ危険な噂とは帝位への野望であろうと考えてきた。この点で研究者たちの考えは一致していたが、小プリニウスの手紙が提供しているこの重大な情報が、当時の政治過程の分析や歴史叙述に活かされたことはなかった。なぜなら、このシリア総督が誰なのかわからなかったからである。ところが、一九七三年、この人物の正体がついに明らかになった。

### 謎のシリア総督

スペインから出土した幾つかの碑文の断片から二人の研究者が明らかにしたところによると、この人物の名は、マルクス・コルネリウス・ニグリヌス・クリアティウス・マテルヌスという。長いので、ここではニグリヌスと呼ぼう。

碑文断片から復元された彼の経歴は、実に素晴らしいものであった。スペイン出身と考えられるこのニグリヌスは、騎士身分の出身で、元老院議員家系の人ではなかったが、ウェスパシアヌス帝によって、騎士身分から法務官経験者相当の元老院議員身分に編入された。そして、軍団司令官や属州総督を一ポストずつ務めた後、補充執政官となり、さらに属州モエシア（ドナウ川下流南側、現在のブルガリアあたり）の総督となった。彼がモエシア総督であった頃、ドナウ川沿岸地域は軍事的緊張状態にあり、ドミティアヌス帝はこの問題の解決とドナウ空間におけるローマの軍事的優位確立のため、心血を注いでいた。碑文によれば、ニグリヌスは今日のルーマニアに当たるダキア地方での戦闘で活躍し、多くの勲章を得たとある。ニグリヌスはドミティアヌス時代の英雄だったわけである。その後、ニグリヌスはさらに東方の軍事的拠点として最も重要な属州シリアを委ねられた。これが小プリニウスの手紙に登場する問題の総督ということになる。

しかし、たいへん不思議なことに、ニグリヌスの経歴はここでぷっつりと途絶えてしまう。これだけの経歴を歩んだ者は、シリア総督の後にも、属州アシア（現在のトルコ）の総督や二度目の執政官、あるいは首都長官のポストに就く栄誉が待っているはずなのに、彼の場合はシリア総督を最後にその輝かしい経歴は消滅してしまった。そのため、シリア総督在職時かその直後に、彼の身に重大な出来事があったことを推測させる。また、小プリニウスをはじめ当時の様子を記録した文学的史料に、これほどの功績や栄誉を持つ人物がまったく現れないのも奇妙である。依然残るこの謎を、いかにして解くことができるのであろうか。

## 5　皇帝トラヤヌスの誕生

### ネルウァ、トラヤヌスを養子とする

夏頃から始まった近衛隊の反抗でドミティアヌス派に傾くような措置をしてきたネルウァであったが、一〇月二七日にローマ市の中心、カピトリウムの最高神ユッピテルの神殿において、当時属州上部ゲルマニアの総督をしており首都に不在であったトラヤヌスを養子にすると宣言した。これによって、トラヤヌスがネルウァの後継者となることが決定した。約三〇年ほど前の混乱時、やはり老帝であったガルバは、危機に直面して貴族の青年ピソを養子とすると宣言した。この時とまったく同じような状況となったわけである。ガルバはまもなく養子ピソとともに、オトに指示された近衛隊に殺害されてしまったが、ネルウァの場合はそうではなかった。養子縁組は実を結んで、政権はトラヤヌスに無事継承されたのである。どこに違いがあったのであろう

か。そもそも、それ以前の問題として、なぜネルウァは親族関係のないトラヤヌスを養子にしたのであろうか。

マルクス・ウルピウス・トラヤヌスはスペインのイタリカ市の出身で、この時四四歳であった。もともと騎士身分の家系で、同名の父が一族で最初に元老院議員となったらしい。しかし、このトラヤヌスの父は執政官職に達し、さらにウェスパシアヌス帝によってパトリキ貴族に列せられるところまで出世した人である。その後、属州総督や宗教関係の公職も務めた。息子のトラヤヌスも、父親が総督を務めた属州シリアなどで長期間軍務見習いをした後、順調に元老院議員として昇任し、九一年に正規執政官となっている。そして、おそらくネルウァ治世の初め頃に、属州上部ゲルマニアに総督として着任していた。

トラヤヌス帝

もちろん、ネルウァとの間には、何の親族関係もなかった。

これまで研究者たちは、ネルウァがこのトラヤヌスを養子にしたことについて、何らかの合理的な説明をしようと試みてきた。

まずトラヤヌスが優れた将軍で、首都に比較的近い属州で多数の軍団を保有していたことがその理由として挙げられた。ネルウァはこのようなトラヤヌスを養子にすることで反抗する近衛隊に圧力をかけ、反乱を鎮静化しようとしたとみるわけである。しかし、こうした説明では、彼以外に有力な将軍がいた可能性がまったく考慮に入れられていない。ドナウ地方にも東方にも大きな軍事力が存在し、とくに六九年の内乱で勝利したのは、東方の軍団を率いたウェスパシアヌスであったことを想起する必要がある。ましてやニグリヌスの存在が明らかになると、このような説明では充分でないことは明白である。

もっと興味深い説明は、当時の元老院議員の調査を行った研究の成果からなされたものである。ある学者は、紀元九七年という問題の年に任命された執政官たちのほとんどが、トラヤヌスと血縁や公職の関係でつながりをもっていたと主張した。また、別の学者は、当時の高級な公職者や高位の軍人にスペイン出身者が多いことを示して、トラヤヌス選抜の必然性を論証しようとした。これらはいずれも貴重な指摘ではあったが、まだ充分とはいえない。ニグリヌスもスペイン出身であることは、これらの説明の意義を半減させてしまうであろう。

## 古代の証言

ここで再び古代の記録に返って考えよう。ネルウァのトラヤヌス選抜の理由を直接説明した記録は存在しないが、間接的に言及したものはある。それは古代末期に書かれた簡単な歴史書の一節である。『皇帝史要約』とでも訳せるラテン語の史書に、次のような一文がみられる。

スラの熱心な努力のおかげで、彼（トラヤヌス）は帝権を手に入れることができたのであるが、そのスラの名誉のために、彼は浴場を建てた。

このスラなる人物、正しくはルキウス・リキニウス・スラといい、やはりスペイン出身の元老院議員である。この史料は古くから研究者たちに知られていて、このスラがネルウァにトラヤヌスを養子にするよう熱心に勧めたと解釈されていた。

もうひとつ言及するに値する史料は、小プリニウスが紀元一〇〇年に皇帝トラヤヌスの御前で行った執政官就任感謝演説である。『頌詞《しょうし》』と呼ばれるこの作品は、その前半でトラヤヌスの即位するまでの歩みを描いている。もちろん、トラヤヌス自身の前で披露された作品であるから、内容はトラヤヌスの不利になるようなことは書かれているはずがない。また、この中から養子選抜の理由を見つけだすこともできない。

しかし、注目できる点がある。それは、この作品の中で小プリニウスはネルウァの養子縁組を高く評価しつつも、養子縁組という「制度」ではなく「養子となる人物の性格」が大切なのだとしていることである。養子縁組にはよい養子縁組と悪いそれとがあって、ネルウァがよい方を選択しえたこと、仮にネルウァが養子とせずともトラヤヌスは皇帝となりえたであろうとまで、小プリニウスは述べている。そこでは、ネルウァはまったく非力な老人として、ただトラヤヌスを皇帝にするためだけに存在した神の道具的存在としてしか評価されていないのである。この小プリニウスの冷たいネルウァ評価は印象的である。

こうした史料の与える情報を念頭において、ネルウァ治世の状況をどのように説明できるであろうか。

**スラの策動**

これまで述べてきたところから、私は次のように考える。

ネルウァ治下で、次の皇帝位をめぐって、属州上部ゲルマニア総督トラヤヌスを推す勢力と属州シリア総督ニグリヌスを推す勢力とが角逐していた。この対立の図式は、反ドミティアヌス派とドミティアヌス派との対立にほぼ重ねることができる。トラヤヌスもニグリヌスもスペインの出身であったから、事情は複雑であったであろう。

すでに記したように、ネルウァはドミティアヌス暗殺者が擁立した皇帝であったが、自身はドミティアヌスに比較的近い人物であったから、その立場は曖昧で、かつ曖昧な態度しか見せてこなかった。帝位継承問題についても、おそらく事態の流れをみて判断することにしていたのだろう。しかし、近衛隊の反抗が生じて以降は次第にドミティアヌス派に傾いていったと考えられる。

近衛隊の反抗はトラヤヌス養子縁組発表の後、まもなく鎮静化した。そして、その指導者カスペリウスは、新皇帝トラヤヌスの命でのちに処刑されている。また、ドミティアヌスに熱い思慕の念を持っていたとは考えにくいカスペリウスがドミティアヌスの復讐を指導しているのは、きわめて不自然であることも考え合わせると、首都でのカスペリウスの行動と属州シリア総督の野望とは実は連動していたとみることができるのではないであろうか。このように考えた場合、先述のカスペリウス任命の謎も解けるように思われる。

そして、こうした皇帝選抜の流れをニグリヌスからトラヤヌスへと大きく変えたのが、あのスラだったのである。先に引用した一文をもう一度取り上げよう。「スラの熱心な努力のおかげで、彼は帝権を手に入れることができた」という文章は、スラがネルウァにトラヤヌス養子を熱心に勧めたと解釈されてきた。しかし、「手に入れる」と訳した部分に使われているラテン語は arripere という動詞で、これは「推薦する」などという穏やかなものではなく、「皇帝権をとる」あるいは「簒奪《さんだつ》する」というかなり激しい意味である。C・P・ジョーンズという学者の研究によると、この一文の作者は、その執筆時期は四世紀であるが、何らかのよい材料か情報源を有していたらしく、ネルウァやトラヤヌスの時期についての記述は、三世紀のディオの歴史書より豊かな内容を持っているという。その作者が、ここで敢えて「奪い取る」といった激しい意味を持つ言葉を使って状況の説明をしようとしたところは重くみられるべきであろう。

もちろん、現在の史料状況では、このスラが行った策動の内容は不明のままである。しかし、のちにトラヤヌスはスラに三度もの執政官職を与え、終生絶大な信頼を置き、またスラの死に際しては国葬を営み、その栄誉を記念してローマ市に公共浴場を建てるなどという帝政始まって以来例のないほどの扱いをしている。そのことを考えれば、トラヤヌスが大いに恩義を感じるほどの働きをスラがしたのはまちがいないであろう。

もっとも、トラヤヌスが養子と決まった理由がスラの策動のみとは断言できない。すでに指摘されてきたトラヤヌスの持つ人脈の影響力もあったかもしれない。騎士身分から一代の成り上がりであったニグリヌスと比べて、新興とはいえ先代からパトリキ貴族に列せられていたトラヤヌスの家柄のよさも関係したであろう。

トラヤヌスは養子に指名された後も首都に直ちに帰還することはなく、ネルウァが没して一年以上経た紀元九九年春にようやくローマ市に戻ってきた。この間に彼は中央政界を自らの統治に適するように再編したのだろう。ニグリヌスは当然のことながら政界から姿を消し、カスペリウスは処刑された。ニグリヌスの後任のシリア総督職には、属州アシア（現在のトルコ）の財務官であった人物が、シリア駐屯軍の軍団司令官として、かつ執政官の権限を与えられて送り込まれるという異例の人事が行われた（二一三ページ以下に紹介されている元老院議員の公職就任順序をみられたら、これがいかに異例の人事であったか理解していただけよう）。そして、そののちトラヤヌスにきわめて近い人物が、正規の属州総督として赴任した。こうした一連の措置は、この属州総督の交代がいかに重大な意味を持っていたかをよく表しているように思われるのである。

このように考えてくると、小プリニウスが『頌詞』の中でネルウァに示した冷たい評価もよく理解できるようになる。小プリニウスはケルトゥスと争っており、ニグリヌスはケルトゥスの後ろ盾であった。ニグリヌスが皇帝となっていたら、小プリニウスにはたいへん不都合な事態が生じていたことであろう。トラヤヌスが養子と決まり、次の皇帝となったことは、小プリニウスにとってたいへん好ましかったのである。執政官となって皇帝トラヤヌスの御前で『頌詞』を披露したとき、ニグリヌスのことや後継者決定をめぐる事情について言及することは差し控えねばならなかったし、小プリニウスにとっては、自らの政治生命を守ってくれたトラヤヌスのことを精一杯美しく描いて、その即位の正当性と必然性を精一杯語っておけばよかった。一時は近衛隊の要求に屈してドミティアヌス派（ニグリヌス支持者）に傾きかけていたネルウァのことを、小プリニウスがよく思うはずがなかった。ネルウァに関しては、トラヤヌスを皇帝位に就ける手続きをした点だけを評価しておけばよかったのである。『頌詞』にみえる小プリニウスの冷たいネルウァ評価は、このような彼自身の政治的立場を反映していたのであった。

## 実体のない「養子皇帝制」

ネルウァは養子縁組を行った翌年、九八年の一月二七日に世を去った。一年と四ヵ月少々の短い治世であった。しかも、その短い統治期間は、五賢帝時代の開幕という、今日一般に抱かれている明るいイメージとはほど遠く、帝国の中央政界はたいへん不安定で、極度の緊張に包まれていた。至福の世紀の光は、まだローマ帝国に届いていなかったのである。

さて、五賢帝時代の特徴として何よりも強調されてきたのは、有徳の皇帝が連続して統治し、帝国が安定したということだが、さらにこのことを説明するために、「養子皇帝制」なることがしばしば語られる。つまり、この時代は、元老院の有能で徳望ある人物が選ばれて養子となり皇帝位を継ぐ慣行があり、この麗しい「制度」のために、皇帝位を争う争乱が起こらず、また世襲による皇帝政治の悪化も阻止されたというわけである。

歴史家の中には、これをもって、最良者の統治というストア哲学の理念の実践であったなどと高く評価する者さえいる。現代の学者ばかりではない。ネルウァ、トラヤヌス、ハドリアヌス、アントニヌス・ピウスはこの方式をとって政権を引き継がせたが、最後のマルクス・アウレリウスが実子のコンモドゥスに帝位を継がせたことがロ

# 第二章　最良の皇帝——トラヤヌスのローマ帝国

## 1　実現した平和と安定

### 新帝トラヤヌス、首都へ

紀元九八年一月にネルウァが死去して単独皇帝になってからも、トラヤヌスは直ちにローマ市に帰ってはこなかった。ライン川からドナウ川沿いの辺境地帯を視察し、首都に帰還したのは九九年になってからであった。トラヤヌスは、大歓迎の中を歩いて市内に入り、謙虚な性格を披露した。ネルウァによる養子縁組という形式上の正当性は有するものの、実質的には軍事力を背景にして、政治工作で帝権を手にした彼にとって、無事安全に、かつ皇帝としての権威をもって首都に帰還するには、少しばかり時間が必要だったのである。

さて、そのトラヤヌスは先例に倣い、養父ネルウァを神格化し、国家神の列に加えた。しかし、一方で同名の実父をも神格化して、貨幣に「神なる父トラヤヌス」と刻

トラヤヌス帝の貨幣、裏面には戦車（二輪馬車）の競走を行う大競走場が描かれ、「最良の皇帝」の文字が見える

ませている。実際、養子縁組で結ばれたネルウァとトラヤヌスの間に、密接な結びつきを見出すことは容易でない。トラヤヌスはネルウァの養子になったが、自分の出自を示す氏族名ウルピウスを保ち、ネルウァのコッケイウス氏族の名を受け継いではいない。ある学者は、残された貨幣の銘などの分析から、トラヤヌスが「神君ネルウァの子」であることにほとんど強調を置いていないこと、またネルウァとトラヤヌスの貨幣の銘に見える政治的性格に連続性が見出せないことを指摘しているが、これらもまた両皇帝の間の政権移行が必ずしも円滑でなかったことの傍証とみることができよう。

トラヤヌスに対しては、首都帰還後二年ほどのうちに、非公式ではあるが「最良の皇帝」（ラテン語でオプティムス・プリンケプスという）の称号が用いられるようになる。また、紀元一〇一年三月には、ドミティアヌス帝時代からの懸案であったドナウ辺境の問題を解決するため、皇帝自ら遠征に出発した。首都を留守にすることは、皇帝自身が中央政界に対して自信を持てた証拠である。前章で紹介したように、小プリニウスが『頌詞《しょうし》』――トラヤヌス御前での執政官就任感謝演説――においてトラヤヌスの即位前の歩みと現在の政治姿勢を美しく唱ったのが紀元一〇〇年であったことも想い起こせば、治世のかなり早い時期にトラヤヌスは政権を確固としたものにすることができたと考えられる。トラヤヌスは、いかなる政治姿勢と方途で帝権を確立したのであろうか。

## プロソポグラフィー的研究

第一章で、私はスエトニウスの『ローマ皇帝伝』をしばしば引用した。この伝記作家は、ハドリアヌス治世（一一七～一三八年）に皇帝行政で活躍した騎士身分の人物で、その『皇帝伝』はかのカエサルからドミティアヌスに至る一二人の「皇帝」の伝記を収めている。また、「プロローグ」ですでに紹介したが、ハドリアヌス以後の諸皇帝については、古代末期に書かれた皇帝伝記集『ローマ皇帝群像《ヒストリア・アウグスタ》』を史料とすることができる。ところが、この両伝記集が扱った時期の間の二皇帝、つまりネルウァとトラヤヌスについては、皇帝の伝記が残されていない。この時代には小プリニウスの手紙や『頌詞』など貴重な史料が存在するが、政治を考えるうえで直接に基礎となる文学的史料は、帝政時代の通覧史料である三世紀初頭に執筆されたディオの『ローマ史』ぐらいである。したがって、政治史を研究する者にとっては仮説を余儀なくされる部分が多くなってしまう。このように、トラヤヌスの政治を考える際には、文学作品にあまり頼れないため、少しでも多くの考える素材を求めて、碑文などを材料としたプロソポグラフィー的研究を参考にしなければならない。

「プロソポグラフィー」とは、ギリシア語で「顔」「面」などを意味する「プロソーポン」と「記述」を意味する「グラフィア」が合わさってできた言葉である。もっともこの言葉は、古代のギリシアでは知られておらず、近代に入ってから使われるようになったもので、わが国では「人物記述的方法」などの訳が当てられることもあるが、おおむねカタカナ読みで通用している。このプロソポグラフィーを用いた研究法とは、生没年や出身地、家族構成や親族関係、職業や経歴、学歴、宗教などの個人情報を集め、伝記的資料の集成に基づいて、その時代の政治や社会のあり方を考察しようとするものである。

この方法は、古代ローマ史にとってはたいへん有効な方法であり、一九世紀の終わり頃から資料整理とそれに基づく分析が盛んに行われてきた。というのも、ローマ人は文学作品に著名な人物の伝記的情報を熱心に記述しただけでなく、名前、父親の名、出身地、経歴などを詳細に刻んだ碑文を数多く残したからである。それらを分析

## 元老院議員の経歴を刻んだ碑文の例

元老院議員の経歴を刻んだ碑文は、プロソポグラフィー的研究のたいへん重要な史料である。ここで、その例を一つ紹介しよう。本書冒頭で「ハドリアヌスの長城」を紹介したが、その建造の責任を与えられた属州ブリタンニア総督は、アウルス・プラトリウス・ネポスという人物で、この人に保護者（パトロン）になってもらっていた北イタリアの都市アクィレイアが、参事会の名で像を建立した。今日、その像を置いた基壇とそこに刻まれた顕彰碑文が残っていて、その地の考古学博物館に所蔵されている。石に刻まれた碑文には、最高公職の執政官を筆頭にしてこの人物が就任した職務が列挙されている。碑文は大文字ばかりで刻まれているが、わかりやすく復元すれば次のようになる。/は行の変わり目を示す。

*A(ulo) Platorio A(uli) f(ilio) / Serg(ia tribu) Nepoti / Aponio Italico / Maniliano / C(aio) Licinio Pollioni / co(n)s(uli) auguri legat(o) Aug(usti) / pro praet(ore) provinc(iae) Bri / tanniae leg(ato) pro pr(aetore) pro / vinc(iae) German(iae) Inferior(is)/ leg(ato) pro pr(aetore) provinc(iae) Thrac(iae) / leg(ato) legion(is) Ī Adiutricis / quaest(ori) provinc(iae) Maced(oniae) / curat(ori) viarum Cassiae / Clodiae Ciminiae Novae / Traianae candidato divi / Traiani trib(uno) mil(itum) leg(ionis) $\overline{XXII}$ / Primigen(iae) p(iae) f(idelis) praet(ori) trib(uno) / pleb(is) $\overline{III}$ vir(o) capitali / patrono / d(ecreto) d(ecurionum).*

〔試訳〕

アウルスの息子・セルギア区所属・アウルス・プラトリウス・ネポス・アポニウス・イタリクス・マニリアヌス・ガイウス・リキニウス・ポリオに。執政官、鳥占官、属州ブリタンニア総督、属州下部ゲルマニア総督、属州トラキア総督、第1アドユトリクス軍団司令官、属州マケドニア財務官、カッシウス道・クロディウス道・キミニウス道・新トラヤヌス道監督官、皇帝推薦公職候補者、第22プリミゲニア・ピア・フィデリス軍団高級将校、法務官、護民官、死刑担当3人委員、そしてわが都市の保護者であるこの方に。都市参事会の決議でこれを奉献する。

〔注記〕

元老院議員の公職やその就任順序は、本書213〜216ページの説明や図を参照されたい。ネポスの就任した最初の公職は死刑担当3人委員で、最後の公職は属州ブリタンニア総督であった。なお、この人物のハドリアヌス帝治世における動静は、本書173ページでもふれられている。

すると、文学作品に残っている皇帝やごく少数の著名な人物以外にも、政治に関係した上層市民たちの名前や親族関係、出自・経歴が判明する。ローマ市民男性は、個人名だけでなく氏族名や家族名もあわせて三つの名を有したため、名前からその人物の家族・親族関係が明らかになることが多いのである。さらには、それを統計的に処理することで、元老院の議員構成の変化や議員の公職経歴の性格も明瞭となる。例えば、帝国のどこの地域の出身者がいつ頃から元老院で議席を多く占めるようになっていったのか、あるいは法務官を経験したのちにどのポストに就くといちばん早くまた確実に最高公職の執政官に就任しえたのか、などということがわかるのである。

こうしたプロソポグラフィー的研究と呼ばれる研究手法の発展によって、政治史研究は考察のための材料をたくさん得ることができるようになった。すでに本書でもそうした分析を第一章でお読みいただいた。ここで、トラヤヌスの政治を考えるために、もう一度この方法を利用してみよう。

### 伝統に対する配慮

トラヤヌスの政権獲得の要因として学者たちがかかげたものの一つに、トラヤヌスと同郷のスペイン出身者の存在があったことを読者はご記憶だろうか。九七年という問題の年に高位の公職に就いていた人々には、スペイン出身者やそれと関連の深い人々が多いという指摘である。確かに、第一章に登場したトラヤヌスとそのライヴァル、ニグリヌス、そして重要な役割を演じたスラ、彼らすべてがスペイン出身者であったことを想い起こすだけで、トラヤヌスにとって有利に働いたかどうかはともかく、スペイン出身者が政界で大いに活躍していたことは容易に理解できよう。

では、その彼らはトラヤヌス治世においても帝国統治の重要な担い手になっていたのだろうか。私はプロソポグラフィー的研究の大家であるドイツ、ケルン大学のW・エック教授の基礎研究を利用して、トラヤヌス統治の初年から五年間のうちに属州総督に就任した元老院議員を調べてみた。すると、意外な結果が出たのである。執政官経験者が統治する軍事的にも重要な皇帝管轄属州の総督については、出身地の知られる一七名のうち、スペイン出身者はわずかに二名のみ。執政官経験者の統治する元老院管轄属州の総督についても、一九名のうちやはり二名のみがスペイン出身者であったに過ぎない。トラヤヌスはスペイン出身者を優先的に登用してはいなかったのである。

トラヤヌスは、同じ時期の皇帝管轄属州の総督や元老院管轄属州の総督に、ドミティアヌスが排除したパトリキ貴族を登用している。パトリキ家系の減少に対処するため、新たな平民系元老院議員のパトリキへの昇格も行った。また、執政官経験者が統治する皇帝管轄属州の総督職にも、ドミティアヌス時代に比してはるかに多くのイタリア出身元老院議員を登用している。トラヤヌスは伝統的勢力を帝国統治から一方的に排除することはしなかったのである。

こうした伝統に対する配慮という点では、九九年の正規執政官、つまり単独統治初年の年頭に就任する執政官に、トラヤヌス自身が就任しなかったことも大いに注目すべきであろう。統治を始めた新しい皇帝は、最初の正規執政官職に就任するのが慣例のようになっていたが、トラヤヌスはそれをしなかった。このことを、小プリニウスは『頌詞』の中で「自由の回復」と讃えている。これには、正規執政官職を独占したドミティアヌス帝に対する批判が込められているかもしれない。トラヤヌスは一九年に及ぶ治世において、わずか四回しか執政官に就任しなかった。「暴君」ドミティアヌスとの差は実に明瞭である。

トラヤヌスは先帝ネルウァと同様に、「元老院議員を殺さぬ誓い」を行った。そして、この「誓い」を実のあるものとした。そのため、彼の治世に元老院議員や騎士身分らに関する反逆罪訴訟は知られていないし、悪名高い「密告者」の出現もなかったようである。属州総督として任地にあった小プリニウスに宛てた書簡の中で、トラヤヌスは匿名の告発の如き行為は「われわれの時代には相応《ふさわ》しくないものだ」とはっきり述べている。彼は、早々と元老院から提示された「国父」という最高の権威ある称号を受け取ることを辞退してもいる。こうして、トラヤヌスは元老院と元老院議員を尊重し、かつ伝統を担う人々も帝国統治から排除しなかったのであった。

**新興勢力の登用**

単独統治最初の正規執政官に就任しなかった代わりに、トラヤヌスはこの職について興味深い人事を行った。正規執政官となったのは、ソシウス・セネキオという小アジア出身の元老院議員と、コルネリウス・パルマというイタリア出身の元老院議員であった。彼らは両人とも、パトリキ貴族ではないのに三〇代後半の年齢で、かつ初めての執政官就任でいきなり正規執政官となったのである。

セネキオは、有名なプルタルコス（プルターク）が『英雄伝』を献呈した人物である。執政官を務めたのちドナウ下流地方の属州下部モエシアの総督となり、さらにトラヤヌスがのちに行うダキア（現在のルーマニアあたり）征服戦争で活躍して勲章を得ている。パルマの方は執政官ののち、一〇四年から一〇八年にかけて軍事上の最重要属州の一つ、シリアの総督を務め、この間にアラビア・ペトラエア地方（現在のシナイ半島からイスラエルにかけての地域）を征服して属州とし、やはり勲章を得ている。

これら二名に代表されるように、トラヤヌス治世において皇帝の様々な政策や軍事行動の推進者となる人々が、治世の初期の段階において頭角を現している。彼らのほとんどはまだこの時期には執政官職に達していないが、法務官経験者として皇帝管轄属州の総督などを務めていた。プロソポグラフィー的方法を用いてこの時代の政治史研究に画期的成果を挙げたロナルド・サイム卿は、これらのまだ若いトラヤヌス期待のエリートたちにとくに注目して詳しく論じたが、彼の研究によれば、九名のエリートたちの中にイタリア出身者はわずか二名しかいないという。トラヤヌスは伝統と形式に注意を払いつつ、一方では新しい帝国統治の力となるような人々の登用も忘れていなかったのである。小プリニウスは『頌詞』の中で、トラヤヌスの新人登用策を賛美して、次のように述べている。

徳でもってその出自の有名さを超越しておられる陛下が皇帝でいらっしゃる限り、将来高貴な人々の仲間入りをする子孫を持つに値する人々の地位が、なぜ現在高貴な祖先を持つ人々より劣る必要がありましょうか。

そして、小プリニウスはトラヤヌスの治世では、「昇進と栄誉の場は万人に開かれている」と語っている。

ネルウァ時代に復活した老政治家たちのうち、ネルウァとともに執政官となったルフスは九七年のうちに死亡した。他の者たちも、トラヤヌス時代に入って次々世を去っていった。代わって、今述べたような比較的若い元老院議員たちが中央政界で次第に重きをなすようになっていった。こうしてトラヤヌスは、政界の世代交代を、現実の情勢に充分適応できるように進めていったのである。

**ローマ人の「自由」**

トラヤヌスは、「リベルタス・ブルトゥス」と刻印した貨幣を発行した。「リベルタス」とは英語の liberty の語源になるラテン語で、「自由」を表す言葉である。「ブルトゥス」は、英語でブルータスと呼ばれるかの有名なカエサル暗殺者の名である。これら二つの言葉には密接な関連があった。

ローマ人の「自由」とは実に独特な性格を持つものである。それは市民平等の権利や無制限な意志ではなく、国家や社会の秩序に従って実現されるものであった。ローマの政治思想の原点は、紀元前六世紀末のルキウス・ブルトゥスらによる王政の打倒と共和政の創始にあり、以後共和政を樹立した貴族たちの指導の下でローマは国家を整え市民の自由を確保する形式を作ってきたが、そうした共和政の指導者である「権威」を持つ貴族に理性的に従ってゆくことで、一般市民の「自由」は実現されると観念されていたのである。一方で、一個人が強大な権限を持つことは王政の再来であり、「自由」を破滅させるものと考えられ、かのカエサルの暗殺も、少なくとも表向きは「自由」の擁護の戦いであった。このカエサル殺害の主導者がマルクス・ブルトゥスで、奇《く》しくもその名が共和政樹立時の指導者と同じであったことから、「ブルトゥス」の名は「自由」の擁護者と同置されて独り歩きし始めた。

ところが、カエサル暗殺後の内乱を制したオクタウィアヌス、すなわちアウグストゥスは、かつての王と同じような権力を有しながらも、自らは共和政の回復者でかつ「自由」の擁護者であると主張したから、話がややこしくなった。「ブルトゥス的自由」の他に「皇帝の自由」が出現したのである。もちろん後者が政府の公式見解となるが、元老院議員たちの間では「ブルトゥス的自由」が賞賛されることもしばしばで、皇帝政治に対する批判をこめてそれが持ち出されたり皇帝側に受けとめられたりしたから、ブルトゥスらを賛美する行為はやがて弾圧の対象になるようになった。そして、「ブルトゥス的自由」こそ真のリベルタスとみなす思想は、皇帝が暴政に走る逆境の中で、皇帝政治批判の理論的支柱を形成するようになっていった。

暴君ネロの治世には、かつてのカエサルの政敵たちを讃える行為や、皇帝に従順でない剛毅の精神を持った行動の故に、多くの元老院議員が弾圧されたが、フラウィウス朝時代、とくにドミティアヌス時代になると、今度はネロ帝やウェスパシアヌス帝に反抗して弾圧された不屈の元老院議員たちが賞賛の対象となった。ここまでくると、もはや「ブルトゥス的自由」は共和政的伝統を離れて、単に皇帝に対して毅然とした態度を貫いた人物に体現されるものというような性格に変わってしまったといえる。ともかく、紀元一世紀の間は、「ブルトゥス的自由」やその延長上に捉えられる反皇帝的思潮・行動と「皇帝の自由」とは、まったく相容《あいい》れなかったのである。

ところが、トラヤヌスは「ブルトゥスの自由」を銘に持つ貨幣を発行した。皇帝の側にブルトゥス的自由が取り込まれたのである。この貨幣の発行の持つ意味について、一部の古銭学者はトラヤヌスが単に摩滅した現行貨幣のかわりに共和政時代の貨幣を再発行したに過ぎないと主張する。

しかし、この主張はなぜトラヤヌスがわざわざブルトゥスの銘を持つ貨幣を再発行したのかという理由を積極的に説明しないし、歴史的脈絡をも無視している。というのも、トラヤヌスは臣下にネロの迫害で死んだシラヌスという貴族の像を建てることを許しているし、カエサル暗殺者のカッシウスやカエサルの政敵であった小カト、それにブルトゥスの像を建てることも許しているからである。こうして、トラヤヌスは「皇帝の自由」と「ブルトゥス的自由」を融和させたのであり、政治思想の面でも元老院議員たちが皇帝トラヤヌスに反対する理論的支柱は失われたのであった。

トラヤヌスがこのような寛容さを示すことができたのは、「ブルトゥス的自由」の内実が変わってしまったこともあるが、まず第一には元老院に集う政治支配層の人々を皇帝が充分掌握し得ていたからである。もっとも、現実政治の場を離れれば、一人の人物が強大な権限を持つ皇帝政治と、王政を否定した共和政的自由の観念とが、思想として矛盾なく融和できるはずはなかった。そのことは、かの小プリニウスがトラヤヌス帝を讃える次の『頌詞』の一節の持つ不自然さに表れているといえよう。

陛下はわたくしたちに自由であることを命じたまうし、わたくしたちも自由でありましょう。

## 2 「ローマ人」のローマ帝国

## ダキア征服

ダキアは、ドナウ川下流北岸、ほぼ今日のルーマニアに当たる古代の地名であり、かつそこに住む人々の名でもある。ダキア人は、ドナウ川下流南岸、およびバルカン半島に住んでいたゲタエ人とともにトラキア系の民族で、その居住範囲はトランシルヴァニア平原ばかりでなく、ドナウ川中流域、さらには北方ではカルパティア山脈にまで及んでいた。

ダキア人はローマの勢力東漸に対して一貫してこれに対抗する姿勢をとってきたが、紀元一世紀後半のウェスパシアヌス帝の時についにローマとの間に条約を結んだ。ところが、ドミティアヌス治世の八五年に不意に彼らは条約を破って南のローマ領属州モエシアに侵入し、応戦したローマ軍は敗北して、総督が殺されるという事態が生じた。ドミティアヌス帝はコルネリウス・フスクスが率いる近衛隊とともに親征して、侵入したダキア人を退けた。ついで翌年に皇帝は属州モエシアを東西に二分して行政と防衛の効率化に努め、かつフスクスに大軍をあずけてダキアを攻めさせた。フスクスはドナウを渡ってダキア人の首都サルミゼゲトゥサを目指したが、タパエ峠でダキア人の激しい攻撃を受けて全滅し、軍旗まで奪われるに至った。

このダキア人の勝利には、新しい王デケバルスの有能さが反映している。この王は

ドナウ国境地帯

ローマ人の力を充分認識して行動した。ドミティアヌス帝は雪辱を期して次々軍を送り、首都近くまで迫ったが、様々な事情でそれ以上進めず、また属州ゲルマニアで総督の反乱が生じたこともあって、八九年にデケバルスと講和した。

　この条約でダキア人の国家はローマの被護国家とされ、完全な独立国家ではなくなったが、一方でローマの技術者や労働者、それに援助金を獲得した。デケバルスは勢力回復に努め、ローマの技術力も利用して首都の周辺に強大な要塞を築き上げた。やがてダキアは再びローマの脅威となる国家に再生したのである。

　トラヤヌスはこのダキアに対し、一〇一年に遠征軍を起こし、ダキアに侵入して翌年には勝利して帰還したが、この時にドナウ川に二〇本の橋脚を持つ幅約一八メートルの橋を架けた。一度降伏したデケバルス王は一〇五年にローマ軍の隊長を捕らえ、ドナウを渡ってローマ領内に侵入したため、トラヤヌスは再び親征し、一〇六年についにデケバルス王を死に至らしめてダキアをローマの属州とした。ドナウ川の北にローマが設立した唯一の属州の成立である。史家ディオによれば、トラヤヌス帝はダキア人の過去の行為を思い、毎年ローマから彼らが受け取っている金銭を惜しみ、そして彼らの軍事力と誇りが近年増大していることを考えて、遠征を始めたと伝える。トラヤヌスがダキアの金鉱獲得を目指して戦争を起こしたという説は、今日実証することはできない。

おそらくトラヤヌスの真のねらいは、ドナウ地方の軍事的不安定さの克服であったと思われる。ローマの対外政策の基本は、国境周辺にローマに従順な被護国家を置き、好戦的な民族がローマ帝国国境へ直接圧力をかけることを避けるとともに、被護国家に援助を与え、かつ国家間を相互に対抗・牽制させながら同盟が出来上がるのを防ぐことにあった。これに対し、ダキアは被護国家になったとはいえデケバルス王のもとで軍事的に強力となり、その東西に住むゲルマン系やサルマティア系の諸部族との同盟関係を締結する可能性を持っていた。したがって、ドナウ地方の属州の安寧のためには、ダキアに相当な干渉を加えることをトラヤヌスが必要と感じていたと推定しても、そう大きな誤りではなかろう。

ダキア人の首都サルミゼゲトゥサはローマ軍に破壊され、その西方に属州の中心となる都市が新たに建設された。トラヤヌスの名に因《ちな》んだコロニア・ウルピアナ・トラヤナである。この新都市は「植民市」の格を与えられ、他の都市も「自治市」の格を得た。こののち二世紀後半までドナウ地方はおおむね平穏な状態が続いた。ドミティアヌス帝以来の懸案は、ダキアの属州化という最もラディカルな方法でトラヤヌスが解決したのである。

しかし、被護国家ダキアを廃して属州としたことは、国境防衛の点で新たな問題を生みだした。防衛線が延び、一部では好戦的な部族の直接的な圧力を感じなければならなくなった。また、ダキア征服戦争が終わった時、正規軍団の駐屯する場所は、ライン川方面で大きく減少し、ドナウ川方面で駐屯軍団数が戦争前に比して倍以上に増えた。ドナウ川方面へ帝国防衛の重心が移動したのである。しかし、一二軍団に増えた駐屯軍も、延びた国境線を守るのに充分ではなかった。ましてや、他の地域で戦争が始まり、この地域から軍団やその分遣隊を送らねばならなくなれば、その不充分さは露呈してしまう。それが、のちのマルクス・アウレリウス帝治世で現実のものとなるのである。

## 征服王トラヤヌスの最期

ダキアを併合し名誉を高めたトラヤヌスは、一方で首都や諸属州の安寧にも心を砕いた。ローマ市には広大な「トラヤヌスの広場《フォルム》」を建設した。広場は図書館や公会堂を備えており、広場に隣接して商業センターも造られた。広場が完成したのは一一二年のことであるが、それに先だって大規模な公共浴場も完成させている。彼のもとにはダマスクス出身のアポロドロスという建築家がおり、広場や公共浴場の設計に当たった。ダキア戦争中にドナウ川に架けた橋も彼の設計による。一一三年には、ダキア戦争の状況を大理石の柱の表面に浮彫で描いた高さ三八メートルのトラヤヌス帝記念柱も、広場の西側に建てられた。元来、この記念柱の基礎部分には皇帝の遺灰が納められ、柱の頂上に皇帝の立像があったが、今日では一六世紀に教皇が建てさせた使徒ペテロの像を見るのみである。

トラヤヌス帝記念柱

イタリアに対しては、ネルウァが創始したといわれるアリメンタ制度を推進した。これは皇帝が土地所有者に資金を貸し付けて、その利息を貧しい子女の養育に役立てようという福祉制度である。トラヤヌスはイタリアの外でも、例えば北アフリカのヌミディア（現在のチュニジアに接するアルジェリア東北部）にタムガディとランバエシスの二都市を建てて、支配を強化しかつ文明化に努めている。

しかし、トラヤヌス帝の真骨頂はやはり征服活動にある。パトリキ貴族の出身でありながら、若い頃長い期間見習い将校として軍事に親しんだ彼は、皇帝の座に就くと、積極的に領土を拡大していった。そして、よく知られているように、彼の治世にローマ帝国は最大版図を達成したのである。

ダキア征服のための第二次戦争を進めていた頃、トラヤヌスは今日のシナイ半島からイスラエルにかけての地域であるアラビア・ペトラエアを部下の将軍に征服させて属州とした。この地方ではペルシア湾からやってくる隊商路の端にある商業都市が繁栄したが、とくにボストラはノウァ・トラヤナと名付けられ、属州の州都となった。

ダキアを併合し地中海周辺地域や北部国境地帯をほぼ確実なものにすると、残る問題は東方のパルティア王国との関係だけとなった。イラン系の国家パルティアとローマ帝国の間には、緩衝の役割を果たすアルメニア王国が存在した。ローマの意向でこの国の王となっていたアクシダレスがパルティア王オスロエスに追われたため、一一三年秋にトラヤヌスは首都を発《た》って東方に向かった。もちろんアルメニアを併合して

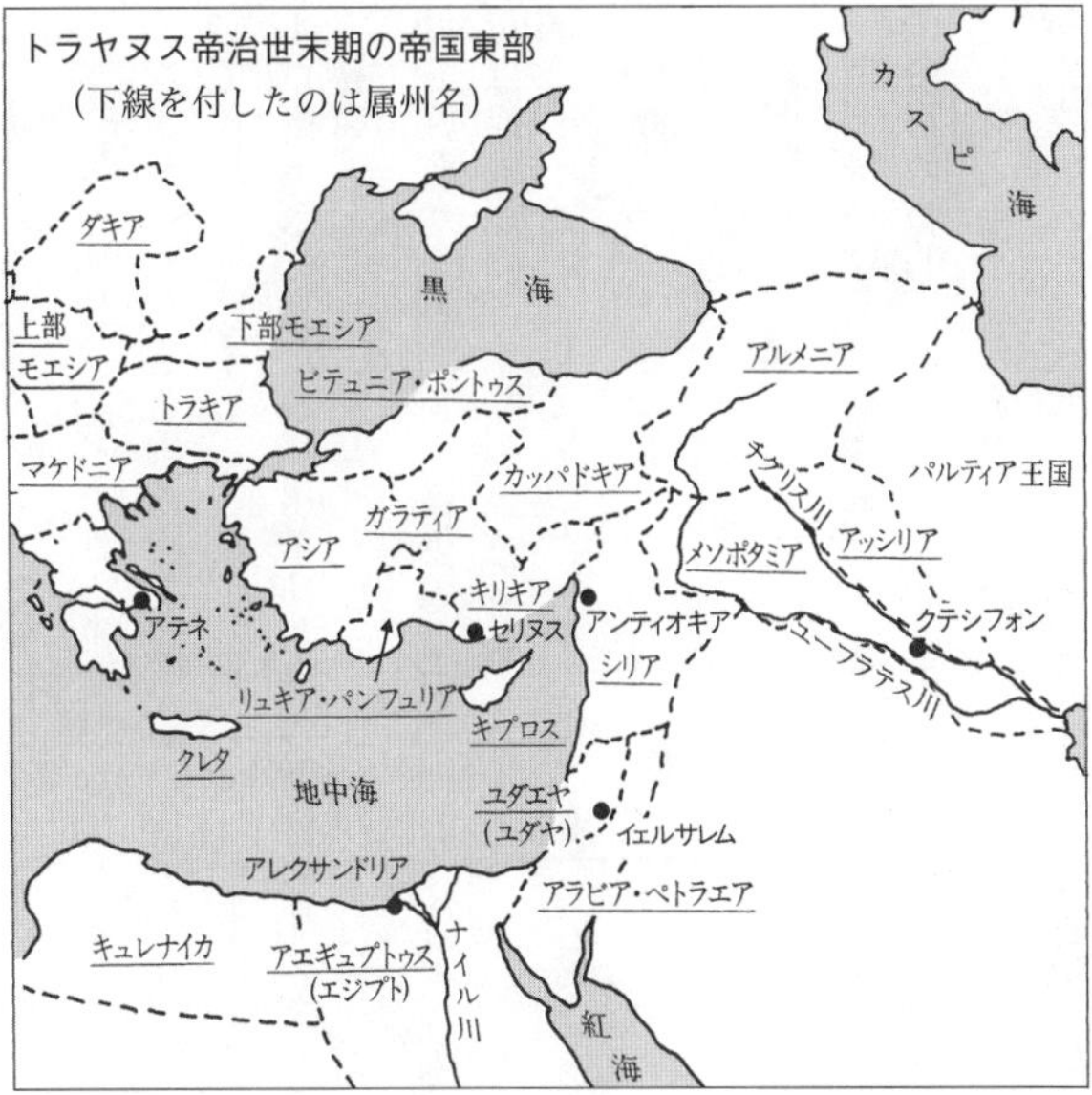


属州とし、かつパルティア王国に対する軍事的優位を確立するためであった。一一四年にアルメニアは簡単にローマ側に入り、トラヤヌスはさらに軍をメソポタミアへと進めた。一一五年にはチグリス川を越えてパルティア人の首都の一つ、クテシフォンを陥落させた。メソポタミアと交易路をおさえて、帝国領土は最大になったが、一一六年に入ると明らかに拡大の無理が表面化してきた。メソポタミア南部で反乱が生じ、劣勢であったパルティア人も反撃して

アルメニアや北部メソポタミアに侵攻した。トラヤヌスは傀儡《かいらい》王をクテシフォンに置いて、反乱鎮圧に努めたが、北アフリカやエジプトなどでユダヤ人の反乱が深刻になるなど危機的状態となった。こうした中で健康を害したトラヤヌスは、一一七年に入って首都へ帰還することにしたが、ローマ市に辿り着く前、その年の夏に、今日のトルコ南東部に当たる属州キリキアの小村セリヌスで世を去った。

「最良の皇帝」の称号を与えられたトラヤヌスは、酒がたいへん強く、また少年愛を好む性癖があったと、後世の歴史書は伝えるが、政敵に攻撃の機会を与えるような欠点は何もない、完璧な「賢帝」であった。しかし、その彼も、一つだけ失敗を犯した。実子なく、六三歳で世を去る時、誰もが認めるような帝位継承者を用意していなかったという大きな失敗である。

### 新旧勢力の均衡

トラヤヌスがローマ帝国の最大版図を達成できたのは、もちろん直接的には彼の軍司令官や戦略家としての才能によるものであり、また彼が軍隊の最高司令官として兵士たちとしっかりと結びつき、彼らの忠誠心を得ていたからであった。しかし、その背景まで考慮に入れて考えるなら、彼が元老院に集う政治支配層を充分に掌握し、内政を安定させていたことが基盤にあるといってよいであろう。軍隊を率いて反乱を企て皇帝に取って代わることができるのは元老院議員だけであったから、皇帝は対外遠征の大事業を行うに当たって、元老院議員の好意と支持を充分に得ておく必要があった。トラヤヌスは治世の比較的早い時期にそれを達成できたのである。それは、すでに述べたように、まずトラヤヌスが元老院と元老院議員を尊重し、伝統的な政治勢力を政治参加に際して排除しなかったことによっている。当時の元老院議員小プリニウスは、トラヤヌスの治世にあっては「リベルタスの時代」（共和政時代）と同じようにウィルトゥス（美徳あるいは剛毅さ）を実現することができるとすら語っているのである。しかし一方で、トラヤヌスは新興の元老院議員たちも等しく政治に参加させ、帝国統治の新たな力とした。こうして、新旧両方の勢力の均衡の上に立ちながら双方の力を帝国統治に活かし、安定と強化を実現したのである。

このトラヤヌスの帝国で活躍する元老院議員たちは、広大な帝国領の各地から集合していた。彼らは都市ローマの政治支配層では明らかになく、イタリアのそれを代表してもいなかった。そうした状況について、北イタリア出身の小プリニウスは、「首都やイタリアを祖国と思わず、旅行の際の宿泊所のようにしか考えない」傾向が出てきたと指摘している。彼らはもっと普遍的な意味で「ローマ人」なのであり、スペイン出身で「最良の君主」とされたトラヤヌス自身が、その新しい「ローマ人」を象徴的に表現していた。よく知られているように、二一二年のアントニヌス勅令によって帝国内のほぼすべての自由人がローマ市民権を持つことになり、名実ともにローマの都市国家的構造は消滅するが、政治史の観点から見れば、それよりも一〇〇年ほど前に「ローマ人」のローマ帝国が出来上がっていたのである。

## 3　元老院議員たちの実像

### 「身分」のある社会

私はこれまで、皇帝が政権を確立し帝国統治を行うために支持と好意を獲得しなければならない存在として、元老院議員をたいへん重要視してきたが、彼らはいったいどのような人々であったのだろうか。以下では、この問題について少し考えてみることにしよう。

まず五賢帝時代の社会構造をごく簡略化して説明することから始めたい。トラヤヌス帝が統治した頃のローマ帝国には、五〇〇〇万人から八〇〇〇万人の人々が生活していたと推定されている。このローマ社会を指導する立場にある上層市民の中で、最上層に位置するのが元老院議員身分である。この身分は元老院に議席を持つ当の男性の他、その人物の男系卑属三親等とその妻を含んでいた。もっとも、元老院の定員が六〇〇名であったから、この身分に所属する人の数は、帝国総人口のうちのごく少数にすぎない。皇帝がもっぱらこの身分の構成員から選ばれたことはいうまでもない。

元老院議員となる資格は、共和政時代には厳密には規定されておらず、由緒正しい家系の出の自由人で、四〇万セステルティウス以上の財産を持つことが要求されただけであり、この点では騎士身分も同じであった。元老院議員は、公職に就いたり政治を活動の第一とする以外は騎士身分と差はなかった。ところが、初代ローマ皇帝アウグストゥスが元老院の刷新とともに元老院議員の身分としての確立を試み、その資格として一〇〇万セステルティウス以上の財産を持つことを規定し、騎士身分との差を明確にした。そして、先に述べたように元老院議員身分に属する家族・親族の範囲を規定し、かつ議員がローマ社会下層の女性（解放奴隷の女性、役者であった者やその娘など）と結婚することを禁止した。さらには、共和政時代ならローマ市民であれば誰でも立候補できた公職を、アウグストゥスは元老院議員のみに限定したため、元老院議員はローマの政治と社会を指導する第一の政治支配層として確立され、一方騎士身分はそれに次ぐ階層として位置づけられることになったのである。

騎士身分には共和政時代と同じく四〇万セステルティウス以上の財産をその身分資格として求められたが、定数はなく、その数はトラヤヌス帝時代に二万〜三万人との推定がなされている。元老院議員と異なり、軍事や行政の騎士身分公職に就いた人物に一代限りその身分が与えられた。その構成員には、近衛隊長官や属州エジプト総督などの高官のように、並の元老院議員より政治的影響力を持つ者もいたが、それはごく少数で、多くは軍務を長く務める者、軍務と財務など文官の職務との双方を務める者、あるいは商業や製造業、そして金融業にたずさわる者たちであった。それに、トラヤヌスの後継者であるハドリアヌス帝は、純粋な文官職の経歴を騎士身分の出世コースに導入した。

元老院議員身分と騎士身分の二つは、「両身分《ウテルクエ・オルド》」といわれてローマ社会の特権的な階層をなしたが、元老院議員が明確にその上位であったことは改めていうまでもない。そして、構造的にはこの「両身分」の下位に帝国内の諸都市の都市参事会員が特権的身分として位置づけられていた。総人数は一〇万人程度だったと推測する学者がいるが、都市の規模がさまざまであるから、その都市の公職者や参事会員となる人物の財産や権限なども一様ではなかった。しかし、彼らが各都市の「小さな元老院議員」として、都市の自治と発展に寄与したことは重要である。

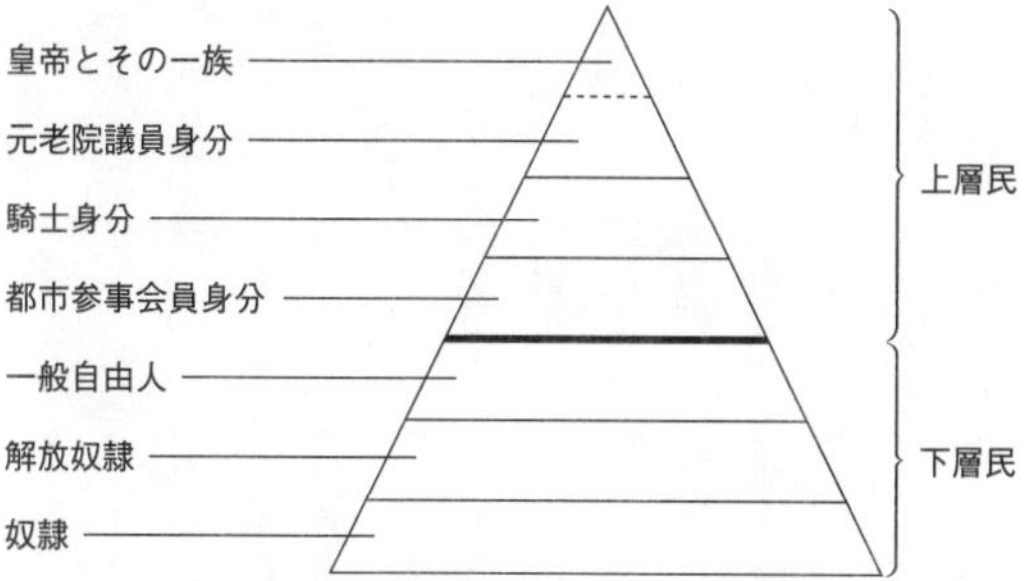


**五賢帝時代ローマ社会の社会層**（この図は階層構造をモデル的に示したもので、人口の差異を示してはいない）

これら三つの社会層が「身分《オルド》」を持つ特権的上層民であり、「身分」を持たぬ一般市民や非市民、解放奴隷（元奴隷で現在は奴隷的拘束から解放されている人々）や奴隷たちと一線を画した。こうしたローマ社会の構造を簡略にして図示すれば上のようになろう。

## 社会的上昇の可能性

ローマ社会は特権的な上層市民が指導する階層構造をなしていたが、決してカースト的ではなく、とくに帝政時代に入ってからは階層間に流動性が顕著なほどに見られた。

頂点に位置する元老院議員階層は、古くからの家系が自らの再生産に失敗して断絶することがしばしばで、そのため皇帝は元老院の定数を満たすために下位の騎士身分から補充することを必要とした。その結果、首都やイタリアの伝統的な家系が減少して、イタリアの新興家系や属州都市の名望家が首都の元老院に席を占めるようになっていった。少し古いデータであるが、M・ハモンドという学者が整理した数字をあげると、ウェスパシアヌス帝時代に出身地の知られる元老院議員の八三・二パーセントがイタリア出身であったのに対して、トラヤヌス治世では六五・八パーセントに減少しており、五賢帝時代の最後頃には五四パーセントまで減っている。減少したイタリア系の議員を補うように、まず今日のスペインやフランスに当たる帝国西部地域の出身者が、次いで帝国東部やアフリカの出身者が元老院に入るようになったのである。

元老院議員を補充する母体である騎士身分は、先にもふれたように雑多な構成で、かつ、帝政期になってからは騎士身分への上昇の道がより広くなったため、古参の上級軍人、地方都市の富裕な解放奴隷の子孫などがこの身分へ参入した。このため、一兵卒や一般市民でも騎士身分に進むことができるようになった。したがって、一般市民や解放奴隷の子であっても、能力と幸運に恵まれれば、数世代のちの子孫は元老院議員に列せられるまで出世することが可能だったのである。

このような流動性のある社会において最高の指導的地位に立つ元老院議員は、どのようなアイデンティティを持っていたのだろうか。

**元老院議員のアイデンティティ**

元老院議員はまずなによりも大土地所有者で経済的に豊かな人々であった。もちろん騎士身分や解放奴隷の中にも豊かな財産を所有する者はおり、この経済的に豊かであることが元老院議員の本質をなすわけではないが、名誉を求めて無報酬の公職に就き、しばしば贈与を行うことを慣行とした彼らにとって、豊かな財産を持つことがすべての前提であったことは確かである。

これまでしばしば登場したトラヤヌス帝時代の元老院議員小プリニウスは、北イタリアの小都市コムムの出身で、新興の元老院議員にすぎないが、この人物でもA・N・シャーウィン＝ホワイトという学者の計算に従えば、その所領に一二〇〇万から一五〇〇万セステルティウスを投資して、年間八〇万から一〇〇万セステルティウスの収益を上げていたという。ローマの貨幣価値を現在の通貨に換算することは多くの危険を伴うが、仮に金の価値を媒介にして一セステルティウスを三〇〇円ほどに見積もるという説に従うなら、小プリニウスの土地投資額は少なくとも三六億円以上になる。また、小プリニウスは奴隷を明らかに五〇〇人以上所有し、年俸数十万セステルティウスの報酬が与えられる公職に就いていたこともあった。彼はその『書簡集』の一文に見られるように、決して自他共に認める大金持ちというわけではなかったから、本当の大金持ちの議員の財産は莫大であった。ちなみに、「暴君」ネロの師で側近の元老院議員であった、かのストア哲学者セネカは、四年間で三億セステルティウス貯め込んだと晩年に政敵から批判されている。

小プリニウスは、その財産の中から、遺言で故郷の北イタリアの都市に公共浴場の建設費と備品購入代金、そして維持費を贈与している。解放奴隷のための扶養費として約一八七万セステルティウスを都市に贈ってもいる。すでに生前、少年少女の養育のために五〇万セステルティウスを、図書館のために一〇万セステルティウスを寄付してもいる。こうした小プリニウスの贈与がわかるのは、故郷の都市コムムの公共浴場に建てられていた碑文にそれが記されていたからである。今日、ローマ史の大家テオドル・モムゼンによって編纂《へんさん》が始められた『ラテン碑文集成』の第五巻に収められたその碑文には、まず小プリニウスのフル・ネームと所属区、父親の名が刻まれ、次いで彼の歩んだ公職経歴が詳細に記録されて、最後に彼の行った贈与が記されている。

このように、その人物に「名誉」（ラテン語のホノス、英語の honor の語源）をもたらす公職就任と贈与を碑文に刻んで永遠に残すことはローマの上層市民の好んだところであったが、元老院議員がそれを最も積極的に行った。共和政時代と異なり、皇帝の存在がある以上、帝国政治運営の主体となって「名誉」を残すことはできなくなっていたが、元老院議員は依然としてホノスの獲得のための努力をしていたのである。騎士身分以下の有産者も各種の経歴を墓石の銘などに刻して残したが、これも元老院議員たちの行動のミニチュア版と考えられる。

## 元老院議員の自由時間

元老院議員はアウグストゥスによって会議に出席することを義務づけられ、旅をするのも許可が必要で、常に自由な行動ができたというわけではないが、所領の屋敷などでくつろいだ日課を過ごすことは可能だった。彼らの中には、公職を得て活躍することを熱心に希求する一方で、田園的生活の中での閑暇に理想的時間を見出す者も多かった。そうした元老院議員の生活ぶりを具体的に伝える史料としては、小プリニウスの『書簡集』が最も有名である。

彼は若い友人に宛てたある手紙の中で、自分が、トスカナ地方（イタリア中部）に持っている屋敷の一つで、一日をどのように過ごしているかを克明に伝えている。そこでは、散歩、運動、入浴、食事、睡眠、娯楽などが順を追って詳しく記され、閑暇を楽しんでいる様子がよくわかるが、中でもきわめて熱心に文学的創作やそのための思索に励んでいる様子が印象的である。朝の四時過ぎから起き出して思索をめぐらし、奴隷を呼んで考えたことを幾度も書き取らせたりしている。思索と口述は、散歩の時も馬車に乗る時も行われた。狩猟に出る時も、奴隷に書板を持たせているほどである。田園の一日が思索と文学的創作に捧げられているという印象を与える。小プリニウスはそうした思索と創作の成果を朗読会などで披露したようで、演説や朗読の話題が『書簡集』には頻繁に登場する。この当時、作品の発表はまず朗読で行われ、そのため上層市民の間ではしばしば朗読会が開かれていたが、小プリニウスはそうしたところで高い評価を獲得することを熱心に求めたのである。

かつてこの『書簡集』を精緻に分析された弓削達教授は、こうした文学的創造、学芸の分野での小プリニウスの熱心さを、名声の獲得を通じて永遠の生命を求めようとする「エートス」(倫理的エネルギー)として解釈されたが、ここでは「生きがい」の問題を少し離れて、彼の所属する階層のアイデンティティという面から考えてみよう。

## ローマ帝国の教育システム

そもそも小プリニウスのような元老院議員たちは、文学的創造を行うことのできる素養をどのように身につけたのであろうか。

よく知られているように、ローマの教育は個人と家族のレヴェルの問題であって、国家はほとんど介入することがなかった。わが国の文部科学省のような役所はなかったし、教育制度についての法的規制もなかった。ローマの教育制度は、紀元前二世紀のギリシア文化の大規模な流入を経て、ギリシアの教育を模範として確立されていったが、ローマ人の母語ラテン語による文学活動の興隆もあって、ローマ独自の内容も備えるようになった。そして帝政初期には、母語のラテン語と文化言語であるギリシア語の両方で、初等段階から高等教育まで教授されるようになり、富裕な上層市民の家庭では乳母にギリシア人を雇うことで、子どもをバイリンガル（二ヵ国語使用者）になるよう養育することが行われた。もっとも、教育は今日のように主として学校でのみなされたわけではない。家庭教師による教育が学校教育と併存しており、とくに貴族の家庭では家庭教師による教育が流行するようになった。したがって、今日のいわゆる日本の「学歴社会」の問題のように、出身学校が重視されることはありえなかった。

さて、この当時のローマ帝国社会には、ほとんどの都市に読み書き・算術を教える初等教師がいたし、中等教育に当たる文法や詩を教授する文法教師も比較的大きな都市には存在したと考えられている。市民の子どもは、おおむね七歳くらいから一一歳くらいの年齢で、男子も女子も読み書きと簡単な算術を初等教師から習った。裕福な家庭の子どもはさらに文法教師から文法や詩の解釈などを学ぶ中等教育段階へ進んだが、この中等教育段階まで女子が進んだことは、前近代社会においては注目できる現象である。文法教師から子どもたちは、文法のほか、詩を朗読・暗唱し、さらに批評する能力を教授された。

一五歳を過ぎた男子の中にはさらに高等教育といってよい修辞学の教育を受ける者もいた。ローマには古くから素朴な弁論術の見習い的制度は存在したが、ギリシアの修辞学の影響によって、修辞学の教育はすっかり文学的にも高度なものとなった。元老院議員の子弟は経済的に恵まれており、また公職に就いて演説や執筆をする必要があったから、この高等段階の修辞学まで教育を受け得たのである。

### 修辞学教育

紀元前一世紀の後半に書かれた『建築の書』の冒頭で、著者ウィトルウィウスは建築を志す者にとって必要な教育を論じている。彼は、建築家の知識が多くの学問と教養によって具備されるものであり、学問をせずに腕の方に習熟するよう努めた建築家は努力の割には権威を獲得できず、また学問だけでも幻影を追及しているように思われると述べている。そして、「願わくば、建築家は文章の学を解し、描画に熟達し、幾何学に精通し、多くの歴史を知り、努めて哲学者に聞き、音楽を理解し、医術に無知でなく、法律家の所論を知り、星学あるいは天空理論の知識をもちたいものである」と語っている（引用文は森田慶一訳註『ウィトルーウィウス建築書』東海大学出版会、一九七九年より）。

ここでウィトルウィウスがあげた諸学は、まさにギリシア・ヘレニズム的な教養科目である。しかし、専門的な職業に就く者にも教養教育が不可欠と考えていた彼が、哲学や歴史をその学ぶべき科目としてあげているにもかかわらず、修辞学をあげていない。この点は注目すべきである。

いま一つ史料を紹介しよう。それは、ネロ時代に「趣味の権威」と称されたペトロニウスの作とされる小説『サテュリコン』の一節である。そこでは、解放奴隷で成金のトリマルキオの仲間の一人が、自分の教育観を披露する。

わしは幾何学も文芸批評も、そして「怒りをうたえ」式のたわごとなど習っておらん。だが、公示板の文字は読める。銅貨でも目方でも銀貨でも、百分の一の計算はできる。早い話、お前がその気になれば、お前とちょっとした賭をやってもよい。さあ、いくぜ。ここに銭をおく。今にお前の父親《てておや》が教育費を無駄にしたっていうことを思い知らせてやる。たとい修辞学など知っとってもさ。

（國原吉之助訳、岩波文庫、一九九一年）

「怒りをうたえ」とは、太古のギリシアの詩人ホメロスの作とされる叙事詩『イリアス』の冒頭の文句である。「怒りをうたえ」式のたわごとという表現は、ギリシア式教育の核であるホメロスを軽蔑しきっていることを表す。引用文の「『怒りをうたえ』式のたわごと」という訳に相当する原典ラテン語文は、二語のたいへんシンプルなもので、かつそこに文献学上の厄介な問題があるが、いずれにしても学校で習う詩歌を指しているものと考えられ、その典型をあげて補った訳者の解釈に今は従っておきたい。直前にあげられた「文芸批評」ともあわせて、中等教育段階以上で学ぶ古典教養を軽蔑していることはまちがいない。ホメロスの作品は、ローマでもギリシア語学校や教師から学ばれていたし、ラテン語の学校でも古くからホメロスの作品のラテン語訳が使われていた。そして、ホメロスのローマ版といってよい建国伝説をうたった叙事詩『アエネイス』をはじめとするウェルギリウスの作品は、帝政期ローマの中等教育以上の最も重要な教材になっていたのである。さらに、いっそう軽蔑の念を込めて言及される「修辞学」。ここでは「修辞学」は役立たない学問の象徴として扱われている。先の『建築の書』でこの学問がはずされていることも考えれば、修辞学は実際的な学問でないという扱いと同時に、職業人や一般庶民の学ぶものではないとの考えが当時あったことが理解できよう。

修辞学ないし弁論術は、実はかつてたいへん実際的な学問であった。共和政時代、政治家として名をあげるためには弁論に秀でていなければならず、そのために弁論術を教えることは、狭義の法学教育とともに実践的な価値を有したのであった。共和政末期の政治家キケロのように、騎士身分の家系の出身でありながら、弁論に優れていたおかげで破格の出世をするものもいたのである。ところが、弁論術の持つ実践的な価値は、皇帝という絶対者の登場とその指導下での政治活動という新しい政治体制の成立のために、次第に失われていった。高等教育である修辞学の学校は、実社会、とくに政治の場でたいへんな重要性を持つ雄弁を学ぶところというよりも、次第に練習演説《デクラマティオ》そのものの発展を期するアカデミックな場所となっていったのである。

弁論術を教授することの実践的な価値は失われたが、しかし、上層市民の間で弁論や修辞学を学ぶ熱は冷めなかった。美しい文章を書き、また語り、あるいは論評することは、富裕者の間で朗読会などが頻繁に開かれ、作品を披露する慣習が広まった帝政期のローマ上層市民の社会ではますます必要となったからである。修辞学教育を通じて得られた当時最高の教養は、それを受けることのできる社会層の間でのみ共有されるコミュニケーションの手段となっていたのである。

## 「元老院議員的生活」

豊かな財産を背景に公職に就いたり贈与を行って個人と家系の名誉を高める一方、修辞学をはじめとする教養を備えて文学的創作など知的活動を楽しむ。これが当時の元老院議員たちの生活、あるいはその理想であった。この生活のあり方——「元老院議員的生活」と呼ぶことにしよう——は騎士身分以下の諸階層にも影響を与えた。そして、上昇の可能性のあるローマ社会で、志向すべき目標になった。

帝政時代の元老院議員は、共和政時代の元老院議員のように主体的に政治に参加することはもはやできなくなったから、彼らを「政治的人間」と定義することは難しい。もちろん彼らの政治に対する意識は強かった。逆説的な感じがするが、皇帝の恩恵によって元老院に入った新しい家系の議員ほど、ローマの政治的伝統や元老院の独立性に敏感で、保守的であることが史料より明らかになっている。しかし、皇帝政治の体制が整う中で、元老院議員たちの政治参加が次第に受動的になっていったことは確かであった。しかも、第四章で詳しく解説するが、彼らは帝国統治の指導的立場に立つための権威は備えていたものの、その経歴から見れば行政についても軍事についてもアマチュアといってよい存在であった。したがって、公職就任を通じて政治参加することをも含めて「元老院議員的生活」を送ることが、彼らのアイデンティティであったといえるかもしれない。

「元老院議員的生活」の実践にあたって、先に述べた古典的教養の保持とそれを用いた交友は、たいへん重要な要素を占めたであろう。古ローマ以来の伝統ある家系が断絶して、元老院議員身分が家系によって自らの威信を支えることができなくなった帝政時代には、彼らが貴族たるアイデンティティを内面に求めたことはごく自然なことだと思われる。こうして、普遍的な意味を持つ「教養を備えた貴族」「文人政治家」と呼んでよいものが、ローマ世界で広範囲に確立していったと考えられる。彼らの中から、巨大帝国ローマを統治する属州総督や軍団司令官が選ばれ、さらには皇帝が選ばれたのである。

# 第三章　賢帝か暴君か——ハドリアヌスのローマ帝国

## 1　「暴君」ハドリアヌス

### 小さなギリシア人

トラヤヌスの後継者となったハドリアヌスは、「プロローグ」で紹介したように、広大なローマ帝国の領土をくまなく巡幸し、各地で恩恵を施した「賢帝」であった。とりわけ、ギリシア、そしてアテネへの配慮は厚く、研究者の中には、アテネを首都ローマに代わる帝国の中心として位置づけるもくろみをハドリアヌスが持っていたと考える者もいるほどである。皇帝になる前からアテネの最高の役職であるアルコンを務め、ギリシアの文学・哲学・芸術に親しみ、ギリシア人の衣装を身につけて公務に当たることを喜びとした彼は、「小さなギリシア人」とあだ名された。美少年アンティノウスを愛し、この同性愛の恋人がナイル川で死んだ後は彼のために都市や神殿を建てた。ハドリアヌスのギリシア趣味に関わる逸話には事欠かないのである。

また、ハドリアヌスはローマ皇帝として初めて髭《ひげ》をたくわえた人物でもあった。たしかに、博物館に遺るローマ皇帝たちの彫刻を見ても、アウグストゥスからトラヤヌスまでの皇帝に髭はないが、ハドリアヌスに始まり、その後はアントニヌス・ピウス、マルクス・アウレリウスと皆、立派な髭を生やしている。この傾向は紀元三世紀の皇帝たちにも続き、再び髭がない皇帝像は、ローマ市のカピトリーニ美術館にあるキリスト教を公認したコンスタンティヌス大帝の巨像からである（コンスタンティヌス大帝の甥の有名な「背教者」ユリアヌス帝の像には髭があるが、これは尊敬していた「哲学者」マルクス・アウレリウスを真似たためだろうか）。古代末期に書かれた伝記集『ローマ皇帝群像《ヒストリア・アウグスタ》』中の「ハドリアヌス伝」には、ハドリアヌスが顔にある傷を隠すためにあごやほおにびっしりと髭を生やしたと記されているけれども、これはこの伝記の得意とする創作で、ハドリアヌス時代から髭を生やす習慣が上層市民男子に広がっていったらしいことは、他の彫刻などから容易に明らかとなる。ハドリアヌスは流行の先端をいっていたのであろう。

「小さなギリシア人」
ハドリアヌス

　背が高く容姿美しい人物と伝記に書かれているこの「賢帝」は、文学・芸術を愛する美質を持つ私人として高く評価されているだけではない。今日の歴史研究者たちは、彼をアウグストゥス以降の諸皇帝の中で最も注目すべき人物とし、行政・軍事・司法の各方面において彼がなした事績も高く評価している。彼は、治世の大半を旅に費やした。これによって、首都やイタリアだけではなく、属州にも軍事的安定と経済的繁栄に加えて高い文化的背景を持たせようとしたのであるが、この試みは彼の事績の中でもとくに賞賛の対象となっている。

ところが、「プロローグ」の最後で述べたように、この「賢帝」は古代においてすこぶる評判が悪く、危うく「暴君」のレッテルを貼られるところであった。たしかに、この皇帝は複雑で気まぐれな心情の持ち主であったらしい。フランスの女流作家マルグリット・ユルスナルが書いた『ハドリアヌス帝の回想』（多田智満子訳、白水社、一九六四年）が、小説ではあるが、そのような彼の内面をよく描き出している。しかし、彼の神格化に元老院で激しい反対が出たのは、単にその個人的な性格だけではなく、もっと直接的な原因があった。

### 四元老院議員処刑事件

紀元三世紀初めに活躍した歴史家で元老院議員のディオは、ハドリアヌスの神格化に対して反対が出た原因を「優れた人々を殺害したために」と記している。これは、ハドリアヌス治世の初めに、トラヤヌス治世に活躍した執政官経験者でもある元老院議員四名が処刑されたこと、および治世の終わり頃にハドリアヌスの義兄である長老議員のセルウィアヌスとその孫フスクスが自殺に追い込まれたことを具体的には指している。ハドリアヌスは、平和と安定の五賢帝時代というイメージにはそぐわないこうした血なまぐさい事件の責任を問われたのである。

しかも、この二つの事件はもう少し深い背景を持つ。一般にローマ史の概説書で説かれるところでは、トラヤヌス帝は帝国東部へ遠征し、東方のパルティア王国と戦っていたが、病を得て首都へ帰還の途中、小アジア（現在のトルコ）の属州キリキアの小村セリヌスで、一一七年八月にその生涯を閉じた。そして、その死の床で、当時シリア総督をしていた従兄弟の息子ハドリアヌスを養子とした。ハドリアヌスは、トラヤヌスの死の報とともに麾下《きか》の軍隊に皇帝と宣言され、登位した。これが、ハドリアヌスの即位の事実経過とされるものであるが、古代より現在の歴史家に至るまで、このことについては疑念が抱

ハドリアヌス帝

かれ続けてきた。トラヤヌスが本当にハドリアヌスを養子とするのを欲していたのか、また実際に養子縁組の手続きを行ったのかについて疑われ、ハドリアヌスを支援していたトラヤヌスの皇后プロティナと、かつてハドリアヌスの後見人でもあった近衛隊長官のアッティアヌスの陰謀ではないかと考えられたのである。このようなハドリアヌスの皇帝としての正当性に対する疑念は、即位直後に起こった四元老院議員処刑事件のためにいっそう増幅されてしまった。

しかも、治世の終わり頃、義兄のセルウィアヌスとその孫フスクスを自殺させ、ルキウス・ケイオニウス・コンモドゥスという血縁関係もなく、またとくに傑出しているという評判もない貴族を養子とし、アエリウス・カエサルを名のらせて後継者にしようとしたことは、治世最初の血なまぐさい事件を人々に思い出させたであろう。アエリウス・カエサルは養子縁組の一年半ほどのちに病没し、後継者は次いで養子とした温厚な貴族アントニヌスとなったが、治世の終わり頃に生じたこれらの事件は、病気のためにしばしば常軌を逸した行動に走るようになった晩年の皇帝の姿と相まって、周囲の人々に恐怖感を与えたに違いない。

このように、「賢帝」ハドリアヌスは、即位の正当性すら疑われ、晩節を汚したと受け取られかねない強引な後継者選定についても批判されるような皇帝だったのである。皇帝を神格化するか否か、「善帝」か「暴君」かを決めるのが元老院であったから、後継者アントニヌスが説得しなければ、ハドリアヌスが「暴君」扱いされたのは当然であった。しかし、ハドリアヌスのこの負の部分、まさに五賢帝時代の陰の部分といってよい出来事は、負であり陰であるゆえに、ローマ史上最も輝けるこの時代の深部を理解する大切な鍵になるのではないだろうか。

以下、即位から後継者選定に至るまで、謎多き事件を解明しつつ、ハドリアヌス治世の真の姿を明らかにしてゆこう。

## 2　疑われた皇帝

### セリヌスの秘密

ハドリアヌスが即位する根拠となったのは、現在のトルコの南東部にあたる属州キリキアの小村セリヌスで行われたという養子縁組であった。このときトラヤヌスは病で死の床にあり、皇帝のそばには皇后プロティナと姪のマティディア、そして近衛隊長官のアッティアヌスがいた。マティディアは、ハドリアヌスの妻サビナの母である。一方、ハドリアヌス本人は属州シリアの総督としてアンティオキアにあった。

『ローマ皇帝群像』の「ハドリアヌス伝」によれば、一一七年八月九日にアンティオキアのハドリアヌスのもとに養子縁組がなされた旨知らせがあり、次いで八月一一日に皇帝が死去した知らせが届くと同時に、彼は麾下の軍隊によって皇帝に宣言されたという。

この養子縁組と即位の事情を、古代の史料はいかに伝えているのであろうか。まずそれを見てみよう。

文学的史料から同時代の証言は得られない。事件に最も時代的に近い史料は、三世紀初めのディオの『ローマ史』である。ディオは「ハドリアヌスはトラヤヌスによって養子とされはしなかった」とはっきり書いており、ハドリアヌスの同郷人でかつて後見役も務めた近衛隊長官のアッティアヌスが、ハドリアヌスに恋情を抱く皇后プロティナと謀って皇帝としたのであったと伝えている。しかも、ハドリアヌス養子の知らせが広まるまで七日間トラヤヌスの死は秘密にされ、首都の元老院には養子縁組を報告するトラヤヌスの書簡が送られたが、それに署名したのはプロティナであったとしている。そして、この養子縁組の真相について、ディオは事件の約六〇年後に属州キリキアの総督を務めた自分の父親から聞いたというのである。

四世紀にラテン語で書かれた史書のいくつかにも、この事件に関する説明がある。

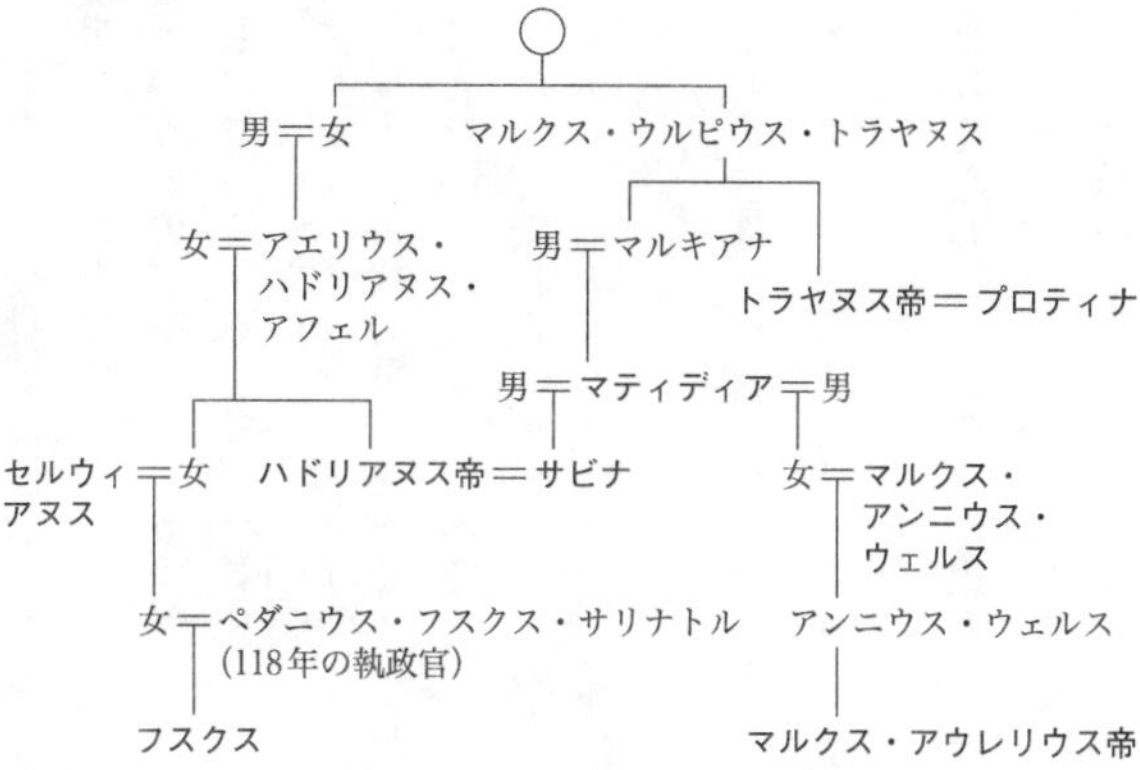


**トラヤヌス帝とハドリアヌス帝の親族関係**

まず、アウレリウス・ウィクトルの史書は、ハドリアヌスはトラヤヌスの后プロティナの好意で帝権を手に入れたが、それは彼女が夫の遺言でもって帝国統治の相続人が定められたかのように申し述べたからだと記している。エウトロピウスの史書も、プロティナのおかげでハドリアヌスが皇帝となったことを書いた後で、「トラヤヌスは、ハドリアヌスが従兄弟の息子であったにもかかわらず、存命中は彼を養子にしようとは思わなかった」と続けている。

『ローマ皇帝群像』中の「ハドリアヌス伝」は、トラヤヌスの後継者について、次の三つの説が広く論じられていたとしている。まずその一つは、トラヤヌスは多くの友人たちの承認を得て、ネラティウス・プリスクスを後継者に任じようとしていたというものである。第二は、トラヤヌスは、アレクサンドロス（アレクサンダー）大王の例に倣って、後継者を指名せずに死んだというもの。第三は、トラヤヌスは元老院に後継者選定を委ねるつもりでいたとするものである。そして、ハドリアヌスが養子と宣言されたのはトラヤヌスの死後であって、それはプロティナの陰謀によってであると述べる者すらいた、と記している。

以上、古代の証言をみると、養子縁組にトラヤヌスの后プロティナが深く関わったことは明らかなようである。

ただ、これらの史料は後世のものであるうえ、信憑性の点で十全なものとは言い難いので、プロティナの関わり方がどの程度のものであったのか、にわかに判断できない。「ハドリアヌス伝」の伝える皇帝候補プリスクスは実在の人物で、パトリキ貴族に列せられた有名な法律家である。しかし、この人物はトラヤヌスより年長と推測され、六三歳で死んだトラヤヌスが自分より年長のプリスクスを後継者と考えていたとは実際は思われない。また、トラヤヌスがこの人物に皇帝候補に相応《ふさわ》しい職務や名誉を与えたわけでもない。東方に遠征しパルティア人と戦ったトラヤヌスが、アレクサンドロス大王を意識していたことは、ディオもその史書で伝えている。ただ、後継者決定についてまでその真似をしようとしていたかどうかはまったく不明である。第三の元老院に後継者選定を委ねるつもりであったとの説は、元老院サイドから書かれたこの伝記らしい創作の可能性がある。

ディオは、養子縁組について父親からその真相を聞いたとしている。ディオ自身も、父とともにキリキアに出かけた可能性はあろう。しかし、その事件のあった土地が他所よりも正しく史実を伝えているという保証はない。また七日間皇帝の死を隠したとする記述は、すでに確定されているトラヤヌス最晩年の日付と照らして問題がある。ともかく、歴史書の情報源やその伝承経路など、今紹介した後代の史家の記述を直接採用するために吟味すべき問題はまだまだたくさんある。したがって、何らかの同時代の材料を利用することが望ましい。実際、次に紹介するように、歴史研究者たちは同時代史料を発掘して、何らかの推論を提出しようと試みてきたのである。

### 歴史研究者たちの挑戦

養子縁組は実際になされたのであろうか。養子縁組の時、はたしてトラヤヌスはまだ生存していたのであろうか。彼は本当にハドリアヌスを後継者とするつもりだったのであろうか。また、プロティナの行った行為は、死の床にあった夫の意志に沿ったものであったのか、それとも遺言の改竄《かいざん》など陰謀めいたものであったのか。ヴィルへルム・ヴェーバーという学者が「セリヌスの秘密」と名付けたこのハドリアヌスの養子縁組に関する難問については、すでに一九世紀末から多くの研究者たちによって議論され、論争すら行われてきた。

そのきっかけとなったのは、一八九八年に墓石の銘を根拠に、H・デッサウというドイツ人ローマ史研究者が提出した仮説である。トラヤヌスの側近であったパエディムスなる若者が、皇帝の死んだ翌日に死亡しており、奇妙なことにその遺体は、皇帝と一緒ではなく、一三年後にようやく首都へ移された。この側近の「奇怪な死」を取り上げて、デッサウは、皇后が養子手続きに関する秘密を知るこの若者を殺させ、遺体はずっと後、皇后自身の死後に遺族に渡されたという、推理小説めいた大胆な推論を提出したのである。

ところが、その翌年に、ドマシェフスキーというドイツのローマ史の大家が、デッサウとは正反対の推論を発表した。推論の根拠は、イタリア南部、ベネウェントゥム（現在のベネヴェント）の町にあるトラヤヌス門の浮彫である。この門は、トラヤヌスの戦勝を祝って元老院が一一四年に奉献したとされるものだが、その門に施された浮彫には、皇帝と女神ローマとの間という抜きんでた位置にハドリアヌスが描かれている。これは、この門が奉献された時点で、ハドリアヌスが将来の地位を約束されていたことを示している。ドマシェフスキーはそのように考えたのである。

これらの学説に対して、やはりドイツのグロアクという研究者が、あくまでも養子縁組はトラヤヌスの意志に沿ったものであったという見解を示した。彼はまずディオの記述の信憑性を疑い、またデッサウの提示した推論については、パエディムスなる若者一人が秘密を知ったために殺されたとは考えにくい、むしろ彼もまた皇帝と同じ病で死んだと考えた方が適切であることを主張して反対した。さらに、グロアクはドマシェフスキーの推論にも反対し、ベネウェントゥムのトラヤヌス門はドマシェフスキーらの想定していたメソポタミアにおけるトラヤヌスの勝利を描いたものではなく、それ以前のダキアでの戦勝を描いたもので、浮彫に描かれた図像もドマシェフスキーのようには解せないと論じた。

しかし、これらの一九世紀末の大家の学説は、二〇世紀に入って緻密な史料研究が進むと、次々に不備が判明してきた。ベネウェントゥムのトラヤヌス門の浮彫でドマシェフスキーがハドリアヌスとみなした人物について、今日その可能性はなくなった。パエディムスの遺体の処理について、皇帝と同じように火葬にしたと想定した場合、デッサウの仮説は成り立たなくなることも明らかにされた。さらに、「ハドリアヌス・カエサル」と刻印した貨幣があって、養子縁組の実行を裏づけるものとされていたが、この貨幣はハドリアヌス治世に入ってから造られたことが証明されて、養子縁組の証拠とはならなくなった。こうして、同時代の史料からでも「セリヌスの秘密」の充分な解明はできなかったのである。

史料から直接証明できないため、いわば状況証拠というべきもので何らかの結論を出そうと努めた学者もいた。ドイツの女流史家テンポリニは、ハドリアヌスの即位前の経歴などを研究し、ハドリアヌスがその職務において常にトラヤヌスの側《そば》近くにおり、皇帝もハドリアヌスの能力を認めてその時々の重要な職務を委ねていたと論じた。そして、トラヤヌスが早くに養子縁組に踏み切れなかったのは、当時の「養子皇帝制」のイデオロギーとパルティア王国との戦争状態という事情によるのであり、皇后プロティナは皇帝の意図に反してハドリアヌスを帝位に就ける必要はなかったのであって、彼女は養子縁組の際に瀕死の皇帝を助けたに過ぎないのだが、ハドリアヌスに敵対的な元老院寄りの歴史叙述によって、プロティナとハドリアヌスの関係は歪曲されてしまった、と解釈している。

そもそも、首都に帰還するトラヤヌスが、作戦中の東方での軍事行動のすべてを委ねることになる属州シリア総督にハドリアヌスを任じたことが、彼を後継者として考えていたことの証拠であるという解釈は、すでに古くから存在した。しかし、一方で、テンポリニの見方とは逆に、即位以前のハドリアヌスの経歴に、他の元老院議員から抜きんでた帝位の継承者らしいポストは一つもない、との意見も出されている。そして、第一章で、ネルウァからトラヤヌスへの皇帝権の移行の中に「養子皇帝制」なるものの実体を見出すことができなかった私たちは、それを前提とするテンポリニの学説には従えそうもないのである。

## 悲惨な門出

こうして、学者たちのさまざまな試みにもかかわらず、「セリヌスの秘密」を解き明かすことはいまだ充分にはできていない。しかし、ここで確認できる大切なことは、トラヤヌスからハドリアヌスへの帝位継承が、円滑になされたわけではなかったという事実であろう。養子縁組がなされたかどうかはともかくとして、トラヤヌスからハドリアヌスへの権力移行が充分な準備をもってなされたわけではなく、ハドリアヌスの即位が帝国政治に関わる人々から直ちに歓迎を受けるようなものでなかったことは、まず確実といってよい。すでに述べたように、ネルウァからトラヤヌスへの権力移行は円滑ではなかったが、トラヤヌスからハドリアヌスへの移行もまた、問題のあるものだった。このような即位の事情に加えて、ハドリアヌス憎悪を決定的なものにする四元老院議員処刑事件が起こったのである。

事件は、一一七年八月にシリアで即位したハドリアヌスが、翌年七月九日に首都に帰還するまでの間に起こった。「セリヌスの秘密」同様、この事件についても、遺された史料は明瞭で一致した情報を与えてくれはしない。『ローマ皇帝群像』の「ハドリアヌス伝」によれば、アウィディウス・ニグリヌスとルシウス・クィエトゥスの二名が「他の多くの者」とともに新皇帝殺害の陰謀をなしたが失敗し、このためアウィディウス・ニグリヌスとルシウス・クィエトゥス、それにパルマとケルススの四名が処刑されたという。一方、ディオの著書『ローマ史』は「ハドリアヌス伝」と異なり、パルマとケルススが狩の間にハドリアヌスを殺害しようとしたという罪で、他の二名はその共犯者として処刑されたが、本当のところは彼らがきわめて大きな影響力を持ち、富と名声を享受していたからだと伝えている。

処刑された四人の元老院議員はすべて執政官経験者であった。以下では、この時処刑されたアウィディウス・ニグリヌスを、第一章にトラヤヌスのライヴァルとして登場したニグリヌスと区別するために、アウィディウスと呼ぶことにしたい。この人物は、父や伯父も執政官となったことのあるイタリアの元老院議員家系の出身で、一一〇年に執政官となり、さらにトラヤヌス帝が新しく属州としたダキアの総督を務めた人であった。ルシウスは北アフリカのマウリ族（ムーア人）の首長であるが、トラヤヌス治世末期のパルティア王国との戦争で活躍し、一一七年には補充執政官の地位にまで達した者である。パルマは前章で登場した、トラヤヌスが九九年、単独統治最初の正規執政官に自分に代わって就任させたあのエリート元老院議員である（九三～九四ページ参照）。彼は、その後シリア総督を務め、アラビア・ペトラエアを征服してローマの属州とし、さらに一〇九年に二度目の正規執政官となった。ケルススもパルマと同様イタリア出身の元老院議員で、トラヤヌス治世に執政官を二度、皇帝管轄属州総督を二ポスト歴任した人であった。

「ハドリアヌス伝」に伝えられる「他の多くの者」が誰であるかはまったく不明である。そもそも、この事件で罪とされた「陰謀」が実際にあったのかどうかさえ、事件の約一〇〇年後に執筆活動をしたディオは少なくとも疑っている。事件当時も明瞭な説明はなされなかったのかもしれない。

四人の執政官経験者が処刑された事件の衝撃は大きかった。シリアからドナウ地方を回っていた新皇帝ハドリアヌスは、急遽《きゅうきょ》首都に帰還しなければならなくなった。到着後、彼は首都の民衆に多額の賜金を配って、自身が関与していたという噂を打ち消すことに努めた。元老院でも弁明し、また「元老院議員を殺さぬ誓い」を繰り返し行った。ハドリアヌスは、自分は彼らの処罰を命じていないと宣言し、そのことを（今日は遺されていない）自伝でも書いたと史料は伝える。処罰は元老院の命令でなされたもので、自分の願いに反するものであったと。実は、これらの弁明はハドリアヌスの単なる言い訳として処理できないものがある。それは、この事件で処刑されたアウイディウスがハドリアヌスの親しい友人であったからである。

## ハドリアヌスの出自と経歴

即位の経過が不透明で、正当性に疑念をもたれたハドリアヌスは、この事件のためにいっそう不信の目で見られることになってしまった。そもそも即位した当時、このハドリアヌスという人物は、皇帝の従兄弟の息子であったものの、皇帝位に相応しい人物と思われていたのだろうか。先のディオの記述によれば、処刑されたパルマやケルススはたいへん大きな勢力を有していたらしい。ハドリアヌスは彼らに比してどのような位置にあったのであろうか。ここで、ハドリアヌスの経歴をながめてみよう。

彼は、紀元七六年の生まれで、その家系はトラヤヌスと同様に今日のスペインに当たる属州バエティカの町イタリカの出である。元老院議員となったのはハドリアヌスの二代前が初めての新興家系であった。父アフェルはトラヤヌスの従兄弟であるが、まだ法務官であった時に死亡した。一〇歳で父と死別したハドリアヌスのために、トラヤヌスとのちに近衛隊長官になる同郷のアッティアヌスの二人が後見人となった。ハドリアヌスは九三年頃に訴訟関係の委員の一人となって実質的に元老院議員の職歴を歩み始め、九四年頃から九八年頃まで三つの軍団で将校見習いをした。とくに、九七年の一一月には所属した軍団の使節として、養子となって皇帝位継承が決まったトラヤヌスのもとに祝辞を届けた。九九年、単独皇帝となって首都に帰還するトラヤヌスに同伴し、その年かその翌年に皇后プロティナのはからいで皇帝の姪マティディアの子サビナと結婚した。しかし、二人の間に子はできなかった。

一〇一年に財務官となって正式に元老院議員となったハドリアヌスは、皇帝の演説を元老院で読む職務を無事果たし、まもなく始まった第一次ダキア戦争に参加した。さらに、護民官、法務官を経て、一〇五年からは第一ミネルウィア軍団司令官として第二次ダキア戦争に参加し、一〇六年頃から一〇八年頃まで属州下部パンノニア（現在のハンガリーあたり）の総督職を務めた。一〇八年に三二歳の年齢で執政官に就任したが、補充執政官であった。一一一年から一年間アテネのアルコン職を経験し、一一三年から皇帝の幕僚としてパルティアとの戦争に参加、一一七年に属州シリアの総督となった。以上が、即位前のハドリアヌスの経歴のすべてである。

ハドリアヌスの経歴の中で、三二歳の若さで執政官職に達した点は注目に値するが、パトリキ貴族であればこの年齢での就任は決して珍しくない。一方で、比較的長い期間軍団で将校見習いをし、法務官経験後も軍団司令官や皇帝管轄属州総督を務めているところは、ハドリアヌスが軍事にも有能な元老院議員の一人として扱われていたことを示す。彼は皇帝の従兄弟の子であるが、首都やイタリアの文官的公職就任に偏りがちなパトリキ系貴族の子弟と同様に扱われていた印象はきわめて薄い。

また、彼の経歴は、常に皇帝の側にあって、その時々の重要な職務に関係していることも示している。このため、すでに紹介したテンポリニ女史のように、皇帝がその有能さを認めていたと解釈する者もいるのである。しかし、彼が占めたポストだけから判断するならば、特記すべき職務はなく、帝位継承を容易に予想させるほど抜きんでた位置にあったとはとてもいえない。このことは、次にトラヤヌス治世後半に活躍した他の元老院議員たちを観察することにより、いっそう明らかになるであろう。

## 政界の有力者たち

トラヤヌス帝がダキアを征服して属州とし、長年の懸案を解決したのは一〇六年のことである。その翌年の一〇七年以降をトラヤヌス治世の後半とみて、ハドリアヌスの経歴を念頭に置きながら、政界で活躍した人々を観察してみたい。

まず、当時のローマ政界で特に権威を有する人々を抽出するために、私は正規執政官に就任した人々をリストアップして、その出身地や家系、経歴を調べてみた（詳細なリストは、拙著『ローマ皇帝とその時代』〔創文社、一九九五年〕に掲載）。一〇七年から一一七年までの一一年間に、年頭に就任する名誉ある正規執政官となった二二名のうち、少なくとも一〇名はパトリキ貴族と判明している。また、出身地の知られている者の八〇パーセント以上がイタリア出身者である。さらに、この二二名のうち、二度目の執政官就任の栄誉を得た人物は、皇帝自身を除けばわずかに四人だけ。その一人は、かのスラ、トラヤヌス政権成立の立役者である。しかし、彼は一〇七年に三度目の執政官に就任したのちまもなく死亡し、治世後半には実質的な影響力を持たなかった。二人目は九九年に正規執政官となったセネキオである（九三ページ参照）。彼は一一五年頃まで生きたと思われるが、ダキア戦争での活躍の後、トラヤヌス治世後半には政界の表舞台には現れていない。

スラとセネキオを除く後の二人は、驚くべきことに、四元老院議員処刑事件で殺されたあのパルマとケルススである。パルマはシリア総督の務めを終えた一〇九年に二度目の正規執政官となり、ケルススも一〇二年についで一一三年に、二度目の執政官職に就任した。史家ディオは、トラヤヌスがセネキオとともにパルマやケルススの像を建てさせ、他の者たちよりも彼らを高く評価していたと書いている。正規執政官就任者は家系の高貴さを誇るパトリキが多いが、この両人は、パトリキ貴族ではなかったから、トラヤヌス治世で明らかに他の元老院議員たちから一目置かれる有力者であったのであろう。

次に、同じく一〇七年から一一七年の間に、複数の軍団が駐留する皇帝管轄属州の総督を務めた人物をリストアップして、同様の調査を行った（このリストも前掲拙著に掲載）。この調査の対象となる人々は、数万人の軍隊を指揮し、帝国統治の要の部分で活躍する人々である。先の正規執政官就任者の調査では、門地の高いパトリキ貴族が多く、またイタリア出身者も多いことが判明したが、複数軍団保有属州の総督職就任者にはパトリキは一名のみで、出身地もイタリアだけでなく、東方やガリアなど多様である。二度正規執政官となったセネキオの女婿であるポンペイウス・ファルコや、ペルガモン（現在のトルコのベルガマ）出身で凱旋将軍顕彰という栄誉を受けたクァドラトゥス・バッススなど、出自や経歴で注目できる人々がおおぜいいる。彼らは、ハドリアヌスと同じように法務官を経験した後、執政官となるまでに軍団司令官や皇帝管轄属州の総督職を務めた者が多く、執政官経験後も複数の軍団を所有する重要属州の総督職を歴任することがしばしばであった。正規執政官就任者、なかんずくパトリキ貴族のそれを貴顕派の有力者と呼ぶことにすれば、このように重要属州を担当する元老院議員たちは実力派と呼ぶのが相応しいであろう。

これらの調査で知られる者以外に、文学的史料から知られる有力者として、一〇三年に皇帝トラヤヌスとともに二度目の正規執政官に就任し、ダキア征服戦争で活躍したイタリア出身議員のラベリウス・マクシムス、トラヤヌス治世末に公職経歴の最後を飾る首都長官職にあったやはりイタリア出身議員のバエビウス・マケル、そしてハドリアヌスの義兄であるスペイン出身のウルスス・セルウィアヌスをここであげておくべきであろう。

以上、トラヤヌス治世の後半の政界における有力議員を観察したが、その結果をハドリアヌスの経歴と照らし合わせてみよう。ハドリアヌスは法務官の後、皇帝のための二つのポストを務めただけで、三二歳の若さで（補充）執政官職に達した有望な元老院議員であった。しかし、実力派の元老院議員という観点からみた場合、功績や経験で彼を凌ぐ人物がトラヤヌス治世後半にはおおぜいいた。一方、ハドリアヌスは皇帝の従兄弟の息子で、かつ姪の子の夫であったが、その家柄は二代前に初めて元老院に入った新興家系で、かつ父親は法務官の時に死亡していた。そこに、古き家柄を尊ぶローマ人にとって魅力となるようなものを見出すことはできない。したがって、貴顕派という観点からみても、正規執政官に就任するような人々に比して、ハドリアヌスは注目に値する人物ではなかったのである。

そのようなハドリアヌスが、それ自体としては大きな抵抗もなく帝権を確保したのはなぜだろうか。彼が皇后と近衛隊長官の支援を得たからだろうか。それとも、最大の軍事力を握るシリア総督の地位にあったからであろうか。

## 3　ハドリアヌス政権成立の真相

### スペイン系勢力の台頭

抜きんでた元老院議員だったとは言い難いハドリアヌスが、政権を確立し、長期にわたってそれを安定させることに成功した。この史実の真相を解明するため、次に彼の政権において活躍した人々を観察して、政権の人的基盤を明らかにしてみたい。

これまでの考察と同じように、正規執政官就任者と複数軍団保有属州総督就任者に焦点を当ててみよう（これについても詳細なリストは前掲拙著に掲載）。すでにみたように、統治最初の年の正規執政官について、ネルウァとトラヤヌスはそれぞれ特徴ある措置を行った。ハドリアヌスはどうであろうか。

一一八年と一一九年の年頭、いずれもハドリアヌス自身が正規執政官に就任している。そして、同僚に一一八年はフスクス・サリナトルというパトリキ貴族を、一一九年はダスミウス・ルスティクスを選んでいるが、注目すべきことにこの両人はスペイン出身者であった。スペイン出身者で正規執政官の職に就いたのは、皇帝トラヤヌスを別にすれば、一〇七年に、かのスラがこの職に就いて以来のことである。さらに、一二一年の正規執政官にやはりスペイン出身のアンニウス・ウェルス（マルクス・アウレリウス帝の祖父）が選ばれている。しかも、一二〇年の正規執政官の一人は、アウレリウス・アントニヌス、すなわちのちにアントニヌス・ピウス帝となる南フランス、今日のニーム出身のパトリキ議員であるが、彼の妻はアンニウス・ウェルスの娘である。

したがって、アントニヌス自身はガリア（おもに現在のフランス）出身だが、スペイン系議員とのつながりが深いことが当然想定できる。一二〇年のもう一人の正規執政官カティリウス・セウェルスも、出身はイタリアであるが、婚姻関係でハドリアヌスやアンニウス・ウェルスとつながっている。

一一八年に皇帝とともに正規執政官となったフスクス・サリナトルは、スペインのバルキノ（現在のバルセロナ）の出身で、その妻はハドリアヌスの義兄セルウィアヌスの娘である。一一九年の正規執政官ルスティクスはコルドゥバ（現在のコルドバ）の出身で、やはりハドリアヌスの遠縁に当たる。このように、ハドリアヌスはその治世最初の時期、時代を端的に表現するものといってよい正規執政官のポストを、身内とスペイン出身者、及びその関係者で独占させるような措置をとったのである。こうしたスペイン系勢力の急激な台頭は、ハドリアヌス政権成立に当たって、彼らがきわめて大きな働きをなしたことを容易に推測させる。セリヌスで死の床にあったトラヤヌスに同伴していた近衛隊長官アッティアヌスもまたスペイン出身者であった。ハドリアヌス政権の成立は、スペイン出身者によって行われた政治行動だったのだろうか。

## 帝国の新しいエリートたち

正規執政官の分析だけでクーデタのごときものを想定するのはいささか性急かもしれない。というのも、ハドリアヌス治世に複数軍団保有属州の総督となった実力者たちの方を調べてみると、確実にスペイン系とわかる議員が二名しかおらず、スペイン系とのつながりが明白な人物を加えても四名のみであるからである。これは出身地のわかる就任者の一五パーセントほどに過ぎない。

しかし、複数軍団保有属州の総督となった人々には明確な特徴がある。三八人の総督就任者のうち、すでにトラヤヌス帝の治世で執政官を経験していた者はわずか三人しかいないのである。他の人々は皆、ハドリアヌス治世に入ってすぐに補充執政官となり、さらに重要な属州の統治に登用された。このことはたいへん重要な事実を意味している。先にトラヤヌス治世の後半に活躍した有力者を観察するために、一〇七年以降の複数軍団保有属州の総督就任者を調べたが、彼らは実は全員が一一〇年までに執政官を経験し、そうした属州の総督になっていた。

ということは、一一一年から一一七年までの間に執政官となった人々は、誰一人として重要属州の統治に携わっていないことになる。つまり、ハドリアヌスは帝国統治の人材登用に当たって、トラヤヌス治世とは明らかに断絶した形で行動したということである。しかも、ごく僅かの例外となった三総督も、ハドリアヌスに近い人ばかりである。属州上部パンノニア総督ミニキウス・ナタリスはスペイン出身でハドリアヌスの親しい友人、ブリタンニア総督ポンペイウス・ファルコはハドリアヌスが即位前に親交を得ていたかのセネキオの女婿、そしてシリア総督カティリウス・セウェルスは、すでに紹介したように一二〇年の正規執政官となった、ハドリアヌスと婚姻関係でつながった人物である。

ハドリアヌスは、属州ダキア（現在のルーマニア）と属州下部モエシア（ドナウ川下流地域）については、通常執政官経験者の元老院議員が総督として派遣されていた属州であったにもかかわらず、治世の初期には騎士身分のマルキウス・トゥルボという人物を総督として派遣している。このようにして、新皇帝ハドリアヌスは、軍事的にきわめて重要な属州の統治を、自らが生み出した新しい力とごく僅かの旧来から信をおける者たちにのみ委ね、政権の確立をはかったのである。

このようなスペイン系勢力の台頭と属州統治の新しいエリートの出現という事態が急激に生じたことは、トラヤヌス治世で幅を利かしていた人々が排斥されたことを意味している。したがって、ローマの中央政界にとっては、ハドリアヌス政権の成立は元老院議員たち政治支配層内部での勢力地図を塗り替える、一種のクーデタ的事件という色彩を持つことになる。

『ローマ皇帝群像』の「ハドリアヌス伝」によれば、即位したばかりの新皇帝ハドリアヌスに近衛隊長官のアッティアヌスが書簡を送り、首都長官バエビウス・マケルが即位に反対しているので殺害すべきであり、有力議員のラベリウス・マクシムスとパトリキ貴族のカルプルニウス・クラッスス・フルギが帝権への野望を抱いているので死刑に処すべきだと忠告したという。伝記の信憑性を考えると、この叙述をそのまま信用することは適当ではないかもしれない。しかし、スペイン出身の近衛隊長官がイタリア出身有力元老院議員を追い落とそうとしているこの叙述は、ハドリアヌス政権成立に伴う政界の激変の陰湿な面を反映しているとみなすことができる。私は、こうした観点からあの四元老院議員処刑事件を読み解くことができるように思う。ただ、その前にこれまで研究者たちが唱えてきた学説について、検討しておく必要がある。

## 外交政策の転換と四元老院議員処刑事件

すでに述べたように、新皇帝ハドリアヌスが首都に帰還するまでに生じた執政官経験者四名の処刑というローマ中央政界を揺るがす大事件は、属州での不透明な即位のしかたともあいまって、彼の帝位継承の正当性についての疑念をいっそう深いものとしてしまった。ハドリアヌス自身は首都帰還後、この事件に自分が関与していないことを必死で主張した。しかし、元老院が、外部から何の圧力もないのに、それどころか皇帝に反対されているにもかかわらず、自らの構成員を処刑してしまうとは考えにくい。そこで、これまでこの事件を考察した研究者たちは、事件はハドリアヌスの命令によるものと考え、その背景にローマの外交政策の転換をめぐる問題をみてきた。

よく知られているように、ローマ帝国はトラヤヌスの積極的な対外進出政策で最大版図を実現したが、跡を継いだハドリアヌスは守勢に転じ、領土拡張よりも領土内部の充実に努めたといわれている。この政策は、無謀な征服活動をやめて、帝国領内の諸属州の安定と繁栄に努めたものとして、ハドリアヌスが「賢帝」として賞賛される重要な根拠となっている。彼は即位後、トラヤヌスが晩年に進めていた東方における征服活動を取りやめ、征服地を放棄したが、研究者たちはこの外交政策の転換に抵抗しようとした主戦派とおぼしき人々が処刑されたのが四元老院議員処刑事件の真相だとみたわけである。ある論者は、この当時の事態を朝鮮戦争（一九五〇〜五三年）になぞらえ、処刑されたルシウスやパルマらと皇帝ハドリアヌスとの関係を、満州（中国東北部）への原爆投下を主張したマッカーサー元帥と彼を解任したトルーマン米国大統領との関係にたとえている。

帝国の東方、チグリス、ユーフラテス両川地方におけるトラヤヌスの征服活動は、皇帝の死の直前には明らかに行き詰まって、各地で矛盾が生じていた。したがって、ハドリアヌス即位後、征服地をいかに扱うかが大いに議論されたであろう。その結果、反乱が生じている東方の征服地は放棄された。しかし、一〇六年までに属州設立が終わっているダキア（現在のルーマニア）は放棄されなかった。
処刑された四元老院議員のうち、アラビア・ペトラエアを征服して属州化した功績を持つパルマや、トラヤヌス晩年の東方での戦争で活躍して一一七年に補充執政官の地位を手に入れたルシウスは、こうした東方での軍事活動に重大な関心と利害関係を持っていたかもしれない。しかし、ケルススについてはとくにこの方面の問題との関係は知られておらず、アウィディウスも属州ダキアの総督を務めたが、東方問題についてはとくに関係を持っていない。彼が統治したダキアは放棄されなかった。そして、パルマですらも、一〇八年にシリア総督を辞めて以来は、東方に関する職務には一切関係していない。

したがって、一一七年から一一八年にかけて東方問題との関係を持っていたのは、ルシウス一人に過ぎない。即位直後にハドリアヌスが、ユダヤ総督職に続いて補充執政官となっていたルシウスから軍指揮権を奪って、騎士身分のマルキウス・トゥルボに不穏なルシウスの出身地マウレタニア（現在の北アフリカ西部）を押さえさせた事実は、ルシウスとハドリアヌスとの対立を強く印象づける。しかし、外交政策の転換と四元老院議員処刑事件とを結びつけるものは、この「印象」しかない。これまで研究者たちは、ハドリアヌス政権成立時に生じた不可解な処刑事件を、たまたま同じ時期に生じた劇的な外交政策の転換に、やや安易に結びつけてしまったのである。

## ハドリアヌスを越えたハドリアヌス派の力

四元老院議員処刑事件の真相を外交政策の転換に求める考え方は、一つの可能な推論であるが、これを史料や史実から充分に証明することは難しい。一政策の対立に事件のすべての原因を限定せず、もっと視野を広げて、政界全体の動きの中で事件の真相をとらえてみよう。

前に紹介したように、ディオはその歴史書で、事件の真因が「陰謀」ではなく、パルマらが権勢を誇っていたことにあったと記している。パルマ、ケルスス、そしてアウィディウスはイタリア出身の議員。とくに、パルマやケルススはトラヤヌス帝より立像を許される栄誉を得た実力者であった。ルシウスもまた、トラヤヌス体制の下で華々しく出世を遂げた人物であった。彼らが、先に見たアッティアヌスの書簡（一五〇～一五一ページ参照）に言及されたバエビウス・マケルやラベリウス・マクシムスらとともに、ハドリアヌス政権確立の強力な推進者たちから充分警戒すべき人物とみなされていたことはまちがいない。ハドリアヌス暗殺の「陰謀」を理由になされた四元老院議員の処刑は、新政権の新しい担い手、あるいは強力な推進者たちによって行われた政治的粛清であったのではなかろうか。

セリヌスからいち早く首都に帰還していた近衛隊長官アッティアヌスが、この事件についてかなりの働きをしたことは確かであろう。しかし、一部の研究者たちが想定しているようなアッティアヌスの独断専行とみるには、材料が不足している。裁判権の行使を考えるならば、騎士身分のアッティアヌスだけではなく、元老院内部の「ハドリアヌス派」の行動を想定する方が適切である。

また、属州にあったハドリアヌス自身の関与について、正確なところはつかめないが、親友のアウィディウスを失っているところからみて、ハドリアヌス個人の感情を越えるような強い力が、首都には働いていたと考えられる。四元老院議員処刑事件は、気紛れで複雑な性格の持ち主であるハドリアヌスが「暴君」のように行った迫害でも、近衛隊長官のアッティアヌスが独断で行った陰謀でもない、もっと奥深い背景を持っていたのである。

ハドリアヌスの政権は、セリヌスでの養子縁組を根拠に、シリアでの軍隊による推戴によって成立したが、トラヤヌスは彼のために何ら帝位継承の配慮をしていなかったから、帝国内には新皇帝を歓迎する声ばかりでなく、有力者の中には嫉妬や憎しみを抱く者も少なからずいたであろう。登位前に他を圧するような権威と実力を有していたとはいえないハドリアヌスは、出身地のつながりや古くからの友人、そして自ら創出した新しい人材に頼りながら、国内に見える反発や不穏な状況を克服し、政権に実質的な安定を確保しなければならなかった。反乱や混乱が生じて困難な状況になっている東方での軍事行動も早く解決しなければならず、即位したばかりのハドリアヌスの立場は決してゆとりのあるものではなかった。政権の成立に当たって、強力な反対者はぜひ除かねばならないが、過剰な防衛は、成功してものちに遺恨を残すことになる。賢明なハドリアヌスはおそらくそのことを承知していたであろう。

しかし、即位したばかりの未だ脆弱な彼は、首都の元老院に集う政治支配層全体はおろか、自分を支持する人々すらも統御できなかったために、ハドリアヌス政権を確立するための行動は、彼自身の親友を失う惨劇へと突っ走ってしまった。しかも、その責任をハドリアヌスは一人で負わねばならなくなった。それは彼にとって、終生拭えない汚点になってしまったのである。

## 4　偉大な統治者への道

### 気前のよい皇帝

即位に当たって大きな負担を負ってしまったハドリアヌスは、すでに記したように、元老院にひたすら尊敬の念を表明し、元老院議員を丁重に扱う行動をとった。執政官に就任したのは一一八年と一一九年のみで、その後いっさいこの職に自ら就任することはなく、一方で他の元老院議員を二度、三度と執政官職に就かせた。元老院の会議にはいつも出席し、新しい元老院議員の選抜に当たってはたいへん慎重に対応することで元老院の地位を大いに高めた、と『ローマ皇帝群像』の「ハドリアヌス伝」は伝える。貧しい元老院議員には財産面で援助を与え、国境外のローマの友好国に対しても、その王たちに援助を与えた。

ハドリアヌスは、首都ローマの民衆の人気を取ることも忘れなかった。祝儀を配り、剣闘士競技などの娯楽をふんだんに提供した。彼の気前よさは有名で、「ハドリアヌス伝」は次のようなエピソードを伝える。ハドリアヌスはしばしば公共浴場を利用し、民衆と一緒に入浴することもあった。ある日皇帝は浴場で、旧知の退役兵が浴場の壁に背中や身体のあちこちをこすりつけているのを見た。なぜそのようなことをするのかと皇帝が尋ねると、身体をこすらせる奴隷を自分は所有していないからだと男は答えた。ローマ時代、入浴の際は、ストリギリスという金属製の垢取り器を使って、奴隷に身体を磨かせていたのである。そこで、気前のよい皇帝はこの男に、数人の奴隷と彼らを養う費用を贈ってやった。ところが、別のある日にハドリアヌスが浴場に出かけると、何人もの老人たちが浴場の壁に身体をこすりつけていた。むろん、皇帝の贈り物を期待してやっているわけである。そこで皇帝は、命令を出して彼らにお互いに身体を磨きあうようにさせたという。

### 才能と策謀

ハドリアヌスが文化や芸術を理解する美質を持っていたことはよく知られているが、行政を行うに際しても、個人的な才能が活かされていたようである。彼の記憶力は抜群で、名指し奴隷の力を借りずとも、たった一度だけで多くの人々の名を覚え、名指し奴隷の誤りを訂正するほどであった。自ら演説の草稿を書き、あらゆる問題に解答を与え、機知に富んだ冗談を言ったという。伝記は次のような話を伝えている。ある時、白髪交じりの男性に対して、ハドリアヌスがその要求を拒否したことがあった。その男は、その後再び要求を持って来たが、今度は髪を染めていた。すると、ハドリアヌスは次のように答えたという。「わたくしは、この件については、すでにあなたの父上にお断りしたはずである」。

ハドリアヌスは休みなく働いた。「プロローグ」で紹介したように、一二一年のガリア旅行を皮切りに、彼は「世界」を旅した。そして、各地で帝国民の生活改善のために尽力した。また、軍事や司法の面で多くの改革的措置を行い、軍務の現場で兵士とともに辛酸をなめながら軍紀を改善していった。元老院を尊重し、元老院議員を丁重に扱いつつも、一方では統治効率の向上のため、騎士身分の財務担当官プロクラトルのポストを大幅に増やしてもいる。

しかし、彼の統治には美談ばかり見つかるわけではない。例えば、フルメンタリイの存在がある。フルメンタリイとは、フルメントウム、つまり穀物を取り扱う係官のことである。この職は元来軍隊用の食料を管轄するものであった。しかし、のちに軍の伝令の役割を持つようになり、とくに皇帝の伝令として働くようになった。そして、秘密警察のごとき任務が加わった。また、二世紀のうちに帝国の各地に配置されたフルメンタリイは、公共輸送を管理するために、あるいは私欲から、職権を濫用して属州の民から収奪を重ね、次第に人々から忌み嫌われる存在になっていった。ハドリアヌスはこのフルメンタリイを密偵のように使って、有力者の私生活を調べさせたらしい。「ハドリアヌス伝」は、次のようなエピソードを伝えている。

ある女性がその夫に手紙を書いて、彼が享楽に耽って、浴場から彼女のもとに帰ろうとしないと嘆いた。密偵を通してこのことを知ったハドリアヌスは、この男性が休暇を願い出に来た時に、享楽に耽っていると非難した。これに驚いた男は、ハドリアヌスに言った。「それでは、私の妻は、私に書いたように陛下、貴方にも手紙を書いたのでありましょうか」。

フルメンタリイを用いて周囲の人々の生活を調べさせたのは、皇帝の旺盛な好奇心のためと「ハドリアヌス伝」は記しているが、即位の事情から多少疑心暗鬼にならざるをえなかったハドリアヌスは、有力市民の動向や民衆の意向を正確に把握する必要を強く感じていたに違いない。

### 「ハドリアヌス派」からの自立

ハドリアヌスは、先帝トラヤヌスを神格化するとともに、一一九年には妻の母で先帝の姪であったマティディアを、一二三年には養母である先帝の后プロティナを神格化して、少しずつ「神の子」としての権威をつけていった。一二一年より大旅行を始めるとともに、次々と国政上の改革的措置を行い、大帝国の統治者に相応《ふさわ》しい非凡な才能を見せた。その中には、ローマ法制史上に画期をもたらすような意義深い制度変革も含まれている。

一二〇年代後半になると、政権はすっかり安定したようである。皇帝は治世最初からの元老院尊重の立場は決して放棄しなかったが、自己の権力と権威を確実なものとし、元老院もそれに応じて従順になった。一二八年に旅行から帰還した皇帝を、法務官をわざわざカンパーニアまで派遣して出迎えるという前例のない丁重さを元老院は示している。

こうして統治者として成長してゆく中で、ハドリアヌスは即位当初の強力な支持集団からも自立して、大帝国の統治に責任を持つ者としての自覚を深めていったのだろう。一二〇年代中頃より、スペイン系元老院議員とその関係者の占めていた正規執政官職就任者にイタリア出身議員が増えるようになるのはその反映と思われる。実際、中央政界でイタリア出身者が占める割合は、スペイン系など属州出身者に比して格段に高い。彼らをいつまでも押さえつけておくことは、政権の維持や発展にとってまったく負の価値しか持たないことは明らかであった。さらに、「ハドリアヌス伝」は、政権樹立に大きな働きをしたと思われる騎士身分の近衛隊長官アッティアヌスを、執政官経験者と同等の元老院議員に昇格させ、名誉を充分与えたうえで事実上のやっかい払いを皇帝がしている様を描いている。即位時に信頼できる騎士身分の将軍として重要任務に就け、さらにアッティアヌスの後任として近衛隊長官に抜擢していたマルキウス・トゥルボをも、ハドリアヌスはのちに職を解いて失脚させた。これらのことも、ハドリアヌスの偉大な統治者への脱皮を端的に表しているように思われる。

## アンティノウスとユダヤの反乱

ローマ時代の彫刻を保存するヨーロッパの博物館でしばしば見ることのできる作品の一つに、美少年アンティノウスの像がある。この少年は、その死後神格化されたから、その彫刻には神の姿をとっているものもある。彼は、大皇帝となったハドリアヌスの「恋人」であった。

ハドリアヌスがこの美少年に出会ったのは、小アジア（現在のトルコ）を旅していた時であった。北部のビテュニア地方の町、ビテュニウム（クラウディオポリスともいった）の生まれのこの少年は、その美しさゆえ皇帝の目に留まり、東方世界の巡幸に同行することとなった。しかし、一三〇年にエジプトで、彼は突然死亡した。ナイル川で溺死したのである。「ハドリアヌス伝」は、皇帝がその時、女のように泣いたと書いている。なぜ、アンティノウスは死んだのか。同時代の記述に恵まれない私たちは、少しのちの史料から推測するほかないのだが、過って川に落ちたという説以外に、ハドリアヌスのために犠牲に捧げられた、あるいは自ら犠牲となったとの説もあることを、それらの史料は伝えている。

人々はハドリアヌスのためにこの少年を神格化し、東方世界の至る所でアンティノウスを祀る祭祀が行われるようになった。彫刻もたくさんつくられた。ハドリアヌスは亡き恋人を記念して、中エジプト、紅海に向けて走る新しい道路の発端の地のナイル川東岸に、新しい都市を建設した。この都市はアンティノオポリスと名付けられた。同じエジプトにあるナウクラティスの町をモデルにしてギリシア風の都市とし、プトレマイスなどの町からギリシア化された住民が集められた。

一三〇年のアンティノウスの死は、ハドリアヌス晩年の苦悩の始まりであった。このののち、彼の行動は明らかに治世初期の慎重さや中期の穏やかさを欠くようになってゆく。その端的な現れが、ユダヤに対する施策であった。

アンティノウス

ユダヤの地は、ネロ治世末期の紀元六六年に始まり、紀元七〇年に総司令官ティトウス（のちの皇帝）によるイェルサレム神殿の破壊でおおむね終了した第一次反乱で、民族の宗教活動の中心を失っていた。ユダヤ人はその後もパレスチナ以外の地でしばしばローマに反抗する動きを見せていたが、その彼らの本拠地であるイェルサレムの地に、ハドリアヌスは取り壊された旧い都市に代えて新しい都市を建設し、それを自分の氏族名アエリウスに因んでアエリア・カピトリナと名付けた。「ハドリアヌス伝」が、彼は数多くの建物を建てたにもかかわらず、そこに自分の名前を刻むことをしなかったと伝えていることに照らせば、この行為は突出したものであった。しかも、かつてのヤハウェ神の神殿の代わりにローマの最高神ユッピテル（ジュピター）の神殿を建立した。史家ディオは、このことがユダヤ人を一挙に反乱に走らせることになったと記す。

一方、「ハドリアヌス伝」は、皇帝が出した割礼禁止令に反乱の原因を帰している。この第二次反乱については、第一次の反乱を記したヨセフスの作品のような決定的な文学的史料がないため、史料検討が難しい。

ローマと反乱軍との戦争は激しくなり、一三二年から一三五年まで続いた。ハドリアヌスはユリウス・セウェルスら第一級の将軍と大軍を投入してようやく反乱を鎮圧させたが、ローマ側の犠牲も大きかった。そのため、通常皇帝が元老院に手紙を書く時に使う常套句、つまり「貴殿やお子たちが御健勝であればなによりであります。わたくしも、わが軍団とともにつつがなく過ごしております」という文句を、この時ハドリアヌスは使うことができなかったと、ディオの史書は伝えている。

この第二次ユダヤ反乱が終了した時、ハドリアヌスは六〇歳に近づいていた。実子のない彼にとって、後継者を早急に決めなければならぬ年齢になっていたのである。

## 5　後継者問題と悲しき晩年

### アエリウス・カエサルの誕生

一三〇年以降、アンティノウスの死、ユダヤでの反乱と暗い出来事が続き、一三五年になると皇帝は病を発した。後継者決定はますます火急の問題となった。

ハドリアヌスにとって、血縁関係のある者から後継者を選ぶとすれば、選択の余地はなかった。候補者は、姪の息子であるフスクスしかいなかったからである。この若者の父親は、すでに紹介した。ハドリアヌスが統治最初の正規執政官に同僚として選んだスペイン出身のパトリキ貴族である。この人物は早世していたが、若者の祖父が齢《よわい》九〇歳を過ぎて存命していた。ハドリアヌスの姉（妹）の夫である老元老院議員ウルスス・セルウィアヌスである。

セルウィアヌスは、トラヤヌス帝よりも早く、紀元九〇年に最初の執政官職に就いた人物で、トラヤヌス治世初期にゲルマニア総督やパンノニア総督など有力属州の統治を行い、一〇二年にはトラヤヌス政権成立の立役者であるかのスラとともに、二度目の執政官職に就いている。しかし、その後は他のスペイン出身議員と同じように政界の表舞台で活躍した記録はない。しかし、娘を同じスペイン出身のパトリキ貴族に嫁がせて、政界に力を持ち続けていたであろう。ハドリアヌス政権が成立した時、セルウィアヌスがいかなる行動をとったかは不明であるが、ハドリアヌスが一一八年の正規執政官にセルウィアヌスの女婿を選んだことは、この義兄に対する配慮かもしれない。女婿が早世したのちのセルウィアヌスは、孫のフスクスの成長を何よりの楽しみとしていたことであろう。

一三四年、ハドリアヌスはこの高齢のセルウィアヌスに、三度目の執政官職を与えた。ところが、一三六年の半ば頃、後継者となる養子を選抜するに当たって、ハドリアヌスはフスクスを選ばなかった。選ばれたのは、イタリア、エトルリア地方出身のパトリキ貴族、ケイオニウス・コンモドゥスであった。この人物を養子とし、アエリウス・カエサルを名乗らせたのである。

### 混迷する後継者選択

ハドリアヌスは、後継者選抜に当たり、美男という以外に格別よい評判があったわけでもないこの貴族を養子と決めただけではなかった。義兄セルウィアヌスとその孫で一八歳だったフスクスを、このたびの養子縁組を喜ばなかったという理由で、死に至らしめたのである。この出来事は、即位時の四元老院議員処刑事件と同様に、政界を震撼させることとなった。

養子とされた頃、アエリウス・カエサルはまだ三五歳くらいだったと考えられる。公職は法務官を経験しただけであった。ハドリアヌスは皇帝位継承者としての権威を彼につけさせるために、一三六年に続いて一三七年にも正規執政官とし、また軍隊の支持を得るために属州パンノニア総督として赴任させた。しかし、アエリウス・カエサルはまもなく病をえて首都に帰還し、一三八年の一月には死んでしまったのである。

すると、ハドリアヌスは、悲しみの癒《い》えるまもなく、二月に別の人物を養子とした。一二〇年の正規執政官であったアウレリウス・アントニヌス、南フランス出身の温厚な貴族で、のちにアントニヌス・ピウス帝となる人物である。しかも、ハドリアヌスは当時すでに男子を失っていたこのアントニヌスに対して、かのスペイン系大貴族アンニウス・ウェルスの孫でアントニヌスの妻の甥でもある一六歳のアンニウス・ウェルス（のちのマルクス・アウレリウス帝）と、死んだアエリウス・カエサルの遺児で一一歳になるルキウス・ウェルス（のちのルキウス・ウェルス帝）の二人を養子とさせたのである。さらに、アントニヌスの養子となるアンニウス・ウェルスと、アエリウス・カエサルの遺児でルキウス・ウェルスの姉（妹）であるケイオニア・ファビアとを婚約させもした。二度目の後継者決定は、実に手の込んだ措置となった。

### ハドリアヌスの狙い

義兄セルウィアヌスとその孫フスクスの命を奪ってまで強行したケイオニウス・コンモドゥス養子縁組（アエリウス・カエサルの誕生）と二度目の手の込んだアントニヌス養子縁組。ハドリアヌスは何を狙ってこうした行動をとったのであろうか。

この問いに対しては、これまでさまざまな解答が示されてきた。古くはエドワード・ギボンのように、「ハドリアヌス伝」の記述をそのまま受けて、選ばれたケイオニウス・コンモドゥスやアントニヌスの養子とされたアンニウス・ウェルス（のちのマルクス・アウレリウス帝）が、アンティノウスと同じようにハドリアヌスの同性愛の対象であったとの見方をする者すら存した。フランスのカルコピーノという学者は、ハドリアヌスがサビナと結婚する前にケイオニウス・コンモドゥスの母親と深い関係にあり、コンモドゥスすなわちアエリウス・カエサルは、実はハドリアヌスの子なのだと主張したが、そう考えるのに充分な根拠があるわけではなく、今日ではこの説を支持する者はほとんどいない。また、ハドリアヌスが真に後継者として望んでいたのは、ウェリッシムス（「最も真実なる者」の意）と呼んで可愛がっていたアンニウス・ウェルスであって、彼の伯父アントニヌスは、ウェルスが成長するまでの「つなぎ」の役を与えられたに過ぎないという見方も今日までしばしば見られるが、この見解に対しても、ハドリアヌスが期待したのはアエリウス・カエサルの遺児ルキウス・ウェルスだったという見解をそれなりの根拠をあげて主張する学者もいて、完全な問題解決には至っていない。

ハドリアヌス個人の真意の究明は大切な課題であるが、その前に確認しておきたいことがある。ハドリアヌスが行った二度の養子縁組は、皇帝位継承を前提としたものであったが、いずれもハドリアヌスのまったく個人的な判断に拠っている、選抜理由が不明確なもので、当時の政界に歓迎されたわけではなく、とくに最初のケイオニウス・コンモドゥス養子の際は親族の死まで呼び起こす悲惨なものであった。そこには、元老院の最良者を選んで養子に迎え皇帝位の後継者とする「養子皇帝制」なる麗しい原理など存在しはしなかったのである。

さて、これまでハドリアヌスの後継者決定について研究してきた人々は、ハドリアヌス個人の真意の究明に力を注いできたが、先に見たように決定的な解決を導いてはいない。私がここで試みる作業も、むろん一つの仮説を提示するに留まるが、これまでの研究と異なり、当時の政界の実情に即してハドリアヌスの狙いを考えてみようと思う。ローマ史の大家ロナルド・サイム卿が行ったこの時代の政治家たちについてのプロソポグラフィー的研究のデータを参考にしながら、劇的な展開をみせた後継者選定をめぐる事件を読み解いてゆきたい。

## ケイオニウス・コンモドゥス養子の意味

ハドリアヌスが最初に養子としアエリウス・カエサルを名乗らせたケイオニウス・コンモドゥスは、一〇六年に正規執政官となった同名の父親と母プラウティアの子として、紀元一〇〇年頃に生まれた。このプラウティアという女性は生涯で三度結婚しているが、最初の夫コンモドゥスが死んだのち彼女が嫁いだ男性は、驚くべきことにハドリアヌス治世初期の四元老院議員処刑事件で殺害されたアウィディウスなのであった。しかも、このプラウティアが最初の結婚でもうけた子であるケイオニウス・コンモドゥス（アエリウス・カエサル）の妻となったのは、殺されたアウィディウスが別の女性との結婚でもうけたアウィディアなる女性であった。つまり、ハドリアヌスは処刑されたアウィディウスの義理の息子を養子にしてアエリウス・カエサルを名乗らせ、彼が死ぬと今度はその子でアウィディウスの孫に当たるルキウス・ウェルスをアントニヌスの養子とした、ということになる。ローマ史家ロナルド・サイム卿はこ

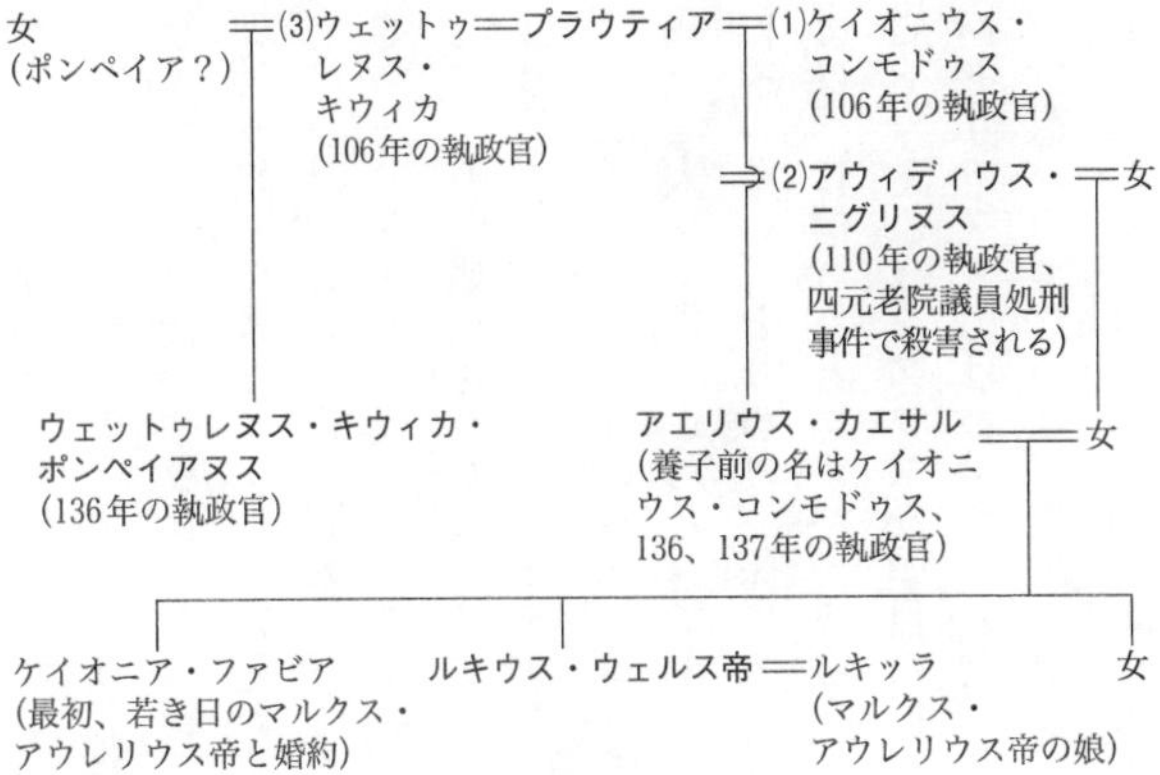


**プラウティアの三度の結婚**

の点を重視して、ハドリアヌスがケイオニウス・コンモドゥスやルキウス・ウェルスを養子にしたのは、処刑された親友アウィディウスに対する遅蒔きながらの「罪滅ぼし」と見ている。

　ただ、この程度の意味づけに留まることなく、さらに考察を進めよう。プラウティアは二度目の夫アウィディウスが処刑されたのち、最初の夫コンモドゥスと同じ年に正規執政官となっていたウェットゥレヌス・キウィカなる男性と再婚した。このイタリア出身のパトリキ貴族は、プラウティアと結婚する前におそらくポンペイアという名の女性と結婚して一男子をなしたが、この子ウェットゥレヌス・キウィカ・ポンペイアヌスがハドリアヌスによってアエリウス・カエサルとともに一三六年の正規執政官に選ばれているのである。

こうしたプラウティアという女性を通じてのつながりは、明らかに偶然ではない。ケイオニウス氏族やウェットゥレヌス氏族は、紀元一世紀後半よりローマの政界で重要性を増してきたイタリアの元老院議員家系であるが、プラウティアの結婚はこうしたイタリアの有力貴族間の結びつきを示すものといえよう。有能な人物として知られていたアウィディウスは、そうしたグループの代表的存在であったかもしれない。そして、彼が処刑されたことは、こうした勢力への大きな打撃であった。一方、このたびのケイオニウス・コンモドゥス養子は、これとはまったく逆の意味を持つ。

ところで、ケイオニウス・コンモドゥスが養子とされたことは、ハドリアヌス政権成立に大きく貢献したとみてよいスペイン系勢力にとって、大きな衝撃をもたらしたに違いない。とりわけ、孫フスクスの帝位継承を期待していたセルウィアヌスにとっては、背信行為と思えたであろう。ハドリアヌスの後継者選抜にこうした不満がでること、それはフスクスを頭目に担ぐ陰謀に発展しかねない危険なものであることは、ハドリアヌスにはわかっていた。老いたセルウィアヌスばかりか若いフスクスまでも死に追いやったのは、機先を制して災いの根を絶つためであったのである。これと同時期に、ハドリアヌスの親しい友人で、一二〇年代前半まで重要属州の総督を歴任していたスペイン出身の有力議員プラトリウス・ネポスが、皇帝と不和になって失脚するという出来事があったが、これも、同じ背景の中で理解してよいであろう。

## アントニヌス養子の意味

こうして大きな危険を冒してまで養子にしたコンモドゥス（アエリウス・カエサル）が早世してしまった。ハドリアヌスが異常な速さでアントニヌスを次の養子とし、さらにアントニヌスに二人の養子を迎えさせ、アンニウス・ウェルスとケイオニア・ファビアとの婚約すら取り決めさせたのはいかなる理由からであろうか。

アントニヌスは紀元八六年の生まれで、この頃すでに五〇歳を過ぎていた。南フランス、今日のニームの出身で、イタリア内で司法関係の公職を務めた以外では、せいぜい属州アシア（現在のトルコ）の総督を一年務めた経歴しかないパトリキ貴族である。しかし、彼はすでに述べたように、執政官を三度務めたスペイン出身の有力者アンニウス・ウェルスの女婿であった。スペイン系の勢力と深い関係があったのである。そればかりではない。彼の娘の一人フィディッラは、なんと先に詳しく紹介したプラウティアという女性の甥に当たるラミア・シルウァヌスに嫁いでいる。つまり、イタリア人貴族グループともつながりがあったのである。

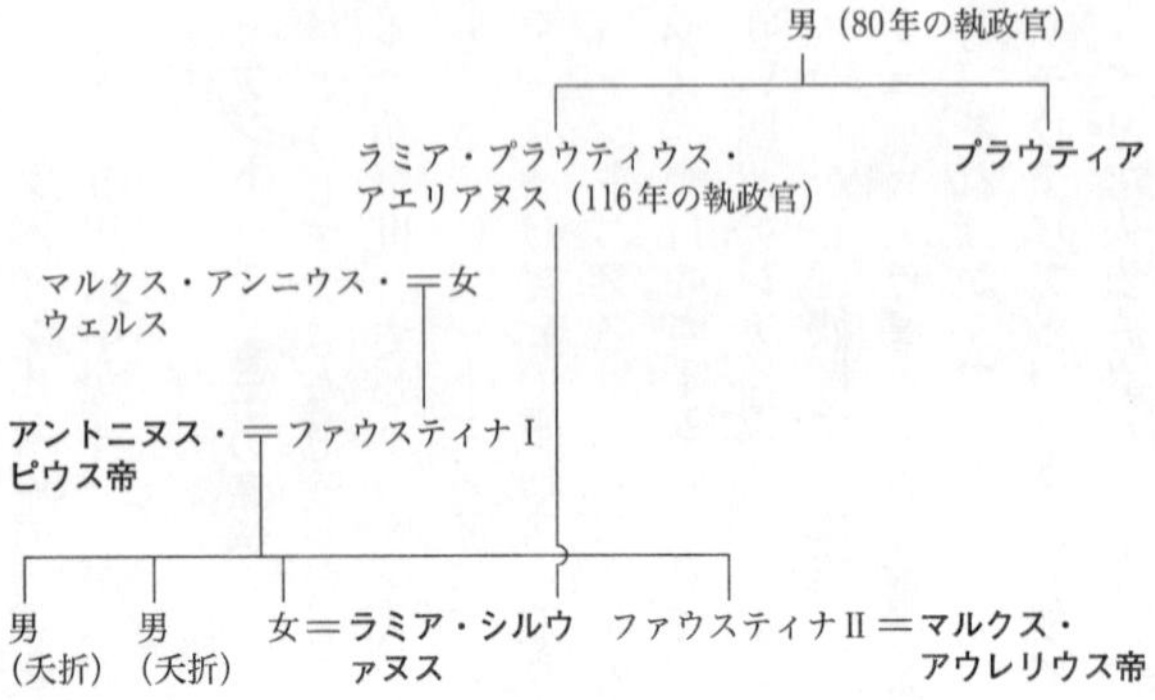


**アントニヌス帝とプラウティアとのつながり**

ハドリアヌスがアントニヌス養子に期待したことは、この人物が温厚で元老院で評価の高い人格の持ち主であっただけではない。アントニヌスの政治的立場に注目するところがあった。アントニヌスに、スペイン系勢力の代表格であるアンニウス・ウェルスの孫とイタリア系勢力の代表格であった亡きアウィディウスの孫を養子とさせ、両者の持つ政治因子を結合させようとした。アンニウス・ウェルス（孫）とケイオニア・ファビアの婚約でそれをさらに確実にしようとした。ハドリアヌスの措置の狙いは、このように理解できるのではないであろうか。

　晩年のハドリアヌスは絶対的な権力を手にしており、また病のためもあって精神的に安定していたとはいえない。したがって、養子選抜に際しても私情に流されることがまったくなかったとは言い切れないであろう。しかし、アントニヌスのみならず、その先の帝位継承者まで考慮しているところからみて、ハドリアヌスは将来の政権の安定のために周到な計算に立って後継者選定の措置をしたと考えることは充分可能である。

### 「暴君」の死

ハドリアヌスは、一三八年二月のうちにアントニヌス養子縁組を済ませた。そして、その年の七月一〇日に世を去った。六二歳であった。「ハドリアヌス伝」は皇帝が死の床で次のような詩を書いたと伝えている。

さまよう愛すべき小さな魂よ。
汝《なんじ》は肉体の客人、仲間《とも》であった。
今、その汝が蒼白《あおじろ》く硬《かた》く装いもない、
あの場所《ところ》へ消え失せてしまうのか。
いつもの戯れを言うこともせず。

この詩がハドリアヌスの真作であるかどうかはにわかに判断できないが、病に苦しんで悲惨な日々を過ごしていた彼の晩年を想像させるものではある。

これまでみてきたように、五賢帝の第三番目という安定したイメージとはほど遠く、ハドリアヌスの生涯は起伏の連続であった。非力であった即位当初には不透明な養子縁組と四元老院議員処刑事件で元老院議員たちや首都民衆の疑惑と憎悪を招き、絶対的な権力を手にしていた晩年にはスペイン系勢力に厳しい手段をとったために、恐怖と憎悪を再び招いてしまった。元老院議員たちからみて、もはやハドリアヌスは「暴君」以外の何物でもなかったのである。

実際、ハドリアヌスは運の悪い皇帝でもあった。彼のギリシア好みは、やはりギリシア好みであった暴君ネロを元老院議員たちに思い出させたし、先帝の后プロティナの支援を受けて即位したことは、やはり元老院議員に評判のよくない二代皇帝ティベリウスを思い出させたであろう。しかし、後継者アントニヌス帝やマルクス・アウレリウス帝の時代に中央政界で安定が保たれたのは、ハドリアヌスの中央政界掌握と晩年の準備が功を奏したとみることができる。

休むことなく働いた皇帝ハドリアヌス。光と陰の両面を持ち合わせたこの皇帝の生涯は、ローマ皇帝権の本質がいかなるものであったのか、私たちに改めて深く考えさせてくれるのである。

# 第四章　苦悩する哲学者皇帝
## ――マルクス・アウレリウスのローマ帝国

## 1　アントニヌス・ピウス帝の美徳

### アントニヌス帝の統治

ハドリアヌスの最晩年の数ヵ月、アントニヌスは皇帝権を共有していた。よって、ハドリアヌスが死んだ時、「プロローグ」でもふれた神格化をめぐる混乱は生じたものの、帝位継承に何ら問題は生じなかった。

五賢帝第四番目アントニヌス帝の添え名「ピウス」（敬虔なる人）がどういう理由で付けられたかは、すでに古代において諸説あったようだ。神々に対する彼の敬虔な態度、あるいは元老院登院の際の心配りなどにみられた岳父に対する敬虔さがその理由とされたり、また晩年病に苦しむ養父ハドリアヌスを支え、周囲の反対を説得して神格化を実現したことが理由とされることもあった。アントニヌスは太古の王政時代

アントニヌス・ピウス帝

のヌマ・ポンピリウス王の再来ともいわれた。これは数々の美徳に加えてアントニヌスが宗教儀礼を堅持したゆえ、宗教、祭祀、神官団を創設したローマ第二代のこの王になぞらえられたのであろう。

アントニヌスは紀元八六年にローマ市近郊のラヌウィウムに生まれた。すでに書いたように、彼の家系は南フランス、今日のニーム出身のパトリキ貴族である。父方の祖父ばかりでなく母方の祖父も執政官を二度務めた名門であった。イタリアに広大な所領を持ち裕福であったが、彼自身は決して華美・贅沢に陥らなかったという。

古代末期に書かれた皇帝伝記集『ローマ皇帝群像《ヒストリア・アウグスタ》』の「アントニヌス伝」は、次のような逸話を伝える。即位後、いくつかのとるに足らぬことで気前がよくなかったと妻に責められた時、アントニヌスは次のように答えたという。「愚か者よ。われわれは今、全ローマ帝国を手にしたことで、それまで持っていた財産まですべてを失ってしまったのだぞ」。もっとも、アントニヌスは決してケチな皇帝ではなかった。公のための事業に必要な費用は惜しみなく投じたし、民衆への娯楽の提供や兵士への賜金の分配も存分に行っている。一四一年頃に妻ファウスティナが死ぬと、彼女を記念して、直訳すれば「ファウスティナの少女たち」という名の基金を設立し、貧しい少女の養育に努力した。

政治の面でも、彼は非の打ち所がなかった。ほぼ二三年近くになる長い治世において、彼自身が執政官に就任したのは即位当初の一三九年と一四〇年、そして後継者としたアンニウス・ウェルス（のちのマルクス・アウレリウス帝）とともに就任した一四五年のわずかに三度だけである。先帝ハドリアヌスは、イタリアを司法面で監督するために、四人の執政官経験者を委員に任じ、アントニヌス自身その一人となっていたが、皇帝となってからアントニヌスは、イタリアの監督を再びすっかり元老院に戻した。彼は、即位前の一私人であった時に皇帝に希望したように自らが帝位に就くと振る舞ったから、元老院議員からは文句が出るはずはなかった。ただし、元老院に遠慮して皇帝としての積極的な政治をしなかったというわけではない。顧問会などを活用して、要所はそつなくこなしたようである。属州統治などの公職人事についても、治世初期はハドリアヌスの遺産を受け継ぎ、またその後も帝国内外がおおむね平穏であったことに助けられて、激しい人事異動を必要とすることはなかった。この点は、後に述べる彼の後継者マルクス・アウレリウスの政策とたいへんな違いがある。

アントニヌスはローマ市郊外のロリウムでの田園生活を好んだようである。また、ハドリアヌスが「世界」を旅したのと対照的に、アントニヌスは即位後はイタリアを出ることがなかった。この事実は、この皇帝の政治姿勢が消極的なものとの印象をいだかせる。しかし、彼は一四〇年代の初めに、ブリテン島で「ハドリアヌスの長城」のさらに北方、現在のスコットランドに第二の防壁「アントニヌスの長城」を築かせて、領土の拡張・保全をはかっている。

アントニヌス・ピウス帝

また、彼の治世にまったく争乱がなかったというわけでもない。一四〇年代後半には北アフリカで反乱が生じたし、ユダヤ人やエジプト人も帝国の政治秩序に反抗した。しかし、トラヤヌス帝のダキア戦争やパルティア戦争、ハドリアヌス晩年のユダヤ反乱や次のマルクス・アウレリウス治世の北方諸部族との戦争のような激しく悲惨な状況にはなってはいない。このように、帝国内外で比較的静穏に恵まれたというのも彼の美徳のおかげであろうか。「アントニヌス伝」は記している。すべてのローマ皇帝のうちで唯一人彼だけが、その治世を市民や敵の血で汚されることなく済んだのであると。

## 実現しなかった「養子皇帝制」

アントニヌスは、ハドリアヌスの措置に背いて、即位の年である一三八年のうちに養子のアンニウス・ウェルスとケイオニア・ファビア（亡きアエリウス・カエサルの娘）との婚約を解消させ、代わってこのアンニウス・ウェルスと自分の娘ファウスティナ（母親と同名）とを婚約させた。一三九年にはアンニウス・ウェルスにカエサルの称号を与え、アウレリウス・カエサルを名乗らせた。これによって、当時まだ一八歳にすぎなかったアンニウス・ウェルスの帝位継承が明らかになった。

アントニヌスは、この若きアウレリウス・カエサルを一四〇年には執政官の職に就かせ、さらに一四五年には二度目の執政官職を与えて権威を高めるとともに、婚約させていたファウスティナと結婚させた。これによって、皇帝アントニヌスの娘ファウスティナが将来もうけるかもしれない子どもが、皇帝位継承に際してアウレリウス・カエサルの競争相手となる可能性はなくなった。まことに賢明な措置であったといえよう。同時に、ここから五賢帝時代最後の帝位継承が、ほとんど血縁的世襲と同質のものであったことがわかる。

ネルウァ以来の五賢帝の帝位継承は、これまでみてきたように「養子皇帝制」の美名とはかけ離れた実態のものであったが、第四番目のアントニヌス帝から五賢帝最後のマルクス・アウレリウス帝への帝位継承のみが何の騒動もなく行われた。しかし、これは事実上の血縁的世襲であり、元老院内の最良者の選抜などという原理に基づく「養子皇帝制」の実践などではない。結局、五賢帝時代の政治的安定の鍵として近代の歴史家たちが称揚してきた「養子皇帝制」は、一度も実現したことはなかったのである。

### アントニヌス・ピウス帝の死

アントニヌスは一六一年の三月七日に世を去り、今日「サンタンジェロ城」として知られている「ハドリアヌス帝の墓廟」に埋葬された。「善帝」として神格化されたことはいうまでもない。史家ディオによれば、彼が世を去った時、国庫には六億七五〇〇万デナリウス（二七億セステルティウス）の蓄えがあったという。『ローマ皇帝群像』の「アントニヌス伝」は、彼の最期を次のように伝えている。夕食の時にチーズを幾分か食べ過ぎたアントニヌスは、夜になって嘔吐し、翌日、発熱した。三日目になって病状が悪化してきたことを悟った彼は、役職に就いている人たちの前で、国家と娘ファウスティナをアウレリウス・カエサルに委ねた。そして、皇帝の寝室に置かれるのが習慣になっていた幸運の女神の黄金像をアウレリウス・カエサルの部屋に移すように命じ、当番の兵士に合言葉の「平静」を与えると、ベッドで横を向いて、あたかも眠るかのごとく死んだという。

サンタンジェロ城、ハドリアヌス帝の墓廟

アントニヌス・ピウス帝。その容姿は端麗で、高貴な顔立ちであった。性格は生まれつき穏和であったと古代の伝記にある。彼の生涯は、同じ属州出身でもトラヤヌスやハドリアヌスのような起伏がなく、実にゆったりとしている。ハドリアヌスが下地を作ってくれたおかげで統治も穏やかに始まり、国境内外の諸勢力の動静に大きく煩わされることもなく、また後継者にも恵まれて、憂いなく晩年と最期を迎えることができた。今日残された古代の伝記や歴史書は、彼に対する賛辞に溢《あふ》れている。その一方で、歴史家が彼のために語るべき物語はたいへん僅かである。

　しかし、アントニヌス帝が皇帝としてまったく苦労なく過ごしたわけではない。そのことは、彼の後継者となったアウレリウス・カエサル、すなわちマルクス・アウレリウス帝がその著書『自省録』第一巻一六章において、養父アントニヌスから学んだこと、感謝していることとしてかかげているいくつかの事柄の中に読みとれる。アントニヌスと養子縁組以来二三年の長きをともに過ごしたマルクス・アウレリウス帝は、この養父から、穏和であると同時に熟慮して決めたことは守り通すこと、名誉に関してむなしい虚栄心を持たぬこと、公のために役立つ進言をする者に耳を貸すことなど、多くの大切なことを教えられたと感謝しているが、その文章の中には、アントニヌスが自分に対する賞賛やあらゆる追従をやめさせ、帝国政治に日々休むことなく神経をめぐらし、国家財政の管理に心を砕いて、そのために生じる非難にじっと耐えていた様子がうかがえる記述もある。また、頭痛のひどい発作の後でも速やかに気力を取り戻し、もとの仕事に戻るという根性を持っていたことも知ることができる。マルクス・アウレリウスはアントニヌスが「少年愛」を慎ませたと記しているが、これは彼が先帝ハドリアヌスの「少年愛」を苦々しく思っていたことの証左なのかもしれない。

## 2　幼い哲学者

## おおぜいの家庭教師

五賢帝最後のマルクス・アウレリウス帝（以下、マルクスと呼ぶ）は、一二一年四月二六日に首都ローマで生まれた。何度もふれてきたように、彼の父方祖父はスペイン出身の大貴族であり、伯（叔）母の夫が皇帝アントニヌスである。叔父アンニウス・リボも一二八年の正規執政官となっている。彼自身の父親は彼がまだたいへん幼いうちに世を去ったが、マルクスは著書『自省録』の中で、この父親について伝え聞くところと自分の記憶から、節度と雄々しき心を父から学んだと書いている。幼くして父親を失ったマルクスは、大貴族である父方祖父に引き取られて、彼の屋敷で育てられた。

マルクスの母ドミティア・ルキッラはイタリアの元老院議員家系の生まれで、その父親カルウィシウス・トゥッルスはトラヤヌス治世の一〇九年に正規執政官となっている。『自省録』において、マルクスは母が長寿を得られなかったけれどもその晩年を自分とともに暮らすことができたのを、神々に感謝している。また、その母からマルクスは、神々に対する敬虔な態度、人に物惜しみせず与えること、悪いことをしないだけでなく心の中でそれを考えることすら慎むべきこと、そして金持ちのそれとはかけ離れた質素な生活をすることを教えられたと感謝している。これらの教えは、同じ時期に勢力を伸張させていたキリスト教のそれと通じるものがあり、注目される。

マルクスが幼い頃に影響を受けた人物に、この母の義理の祖父に当たるカティリウス・セウェルスがいる。この有力政治家については前章で何度も言及したが、彼は、トラヤヌス治世においてすでに有力属州総督として活躍していた。ハドリアヌスが登位してシリアを離れた後、この東方の最重要属州の統治を委ねられ、一二〇年には正規執政官となった。マルクスはこの人物に教育面で恩を感じていると、『自省録』に記している。公の学校に行かずに自邸でよい家庭教師から教育を受けたことに感謝し、教育には金に糸目を付けてはならぬことを学んだとしているのである。

すでに第二章で紹介したように、ローマ帝国における教育は、学校制度に基づいた一元的なものではなく、自宅で家庭教師について学ぶシステムが併存し、帝政期の富裕な上層市民の家庭では家庭教師を用いることが流行した。『自省録』の第一巻には、教えを受けた教師たちに対するマルクスの謝辞が長々と続き、『ローマ皇帝群像』の「マルクス伝」にも多くの教師の名前が紹介されている。その数の多さは驚くほどだ。ホメロス学者として知られるシリア出身のアレクサンドロスやラテン修辞学者として有名な北アフリカ出身のフロントなどの名もみえる。現代イタリアのあるジャーナリストは、邦訳もなされている啓蒙的なローマ史の書物の中で、総勢一七名もの家庭教師に囲まれてこの少年（マルクス）がおかしくもならずに学業を修めたのは不思議と言うほかないと書いている。しかし、マルクスは学校に行かず、すべての教育の段階を家庭教師から学んだのであるから、過度に不思議がることもないだろう。驚くべきは、当時の主流であった修辞学について最高の教師に学んだ彼が、その方面ではなく哲学に向かったことである。

当時のローマ社会で勢いがあった哲学の学派は、ストア派である。その名は、紀元前三世紀初めにキプロス島出身のゼノンがアテネの広場に面した柱廊《ストア》で学園を開いたことに由来する。この学派は、共和政時代のローマに伝わって、多くの信奉者を得ていたが、マルクスの時代には日常道徳のような内容になってしまっていたとしばしばいわれる。人生の目的は「自然に即して生きる」ことと説くこの派の哲学からは、厳しい克己心と義務感に支えられて理性をもって人生を生きるという「ストア的生活」の言葉が生まれたが、マルクスはそれを実践した人物とみなされることが多い。しかし、彼は現実には幼くして父を失い、皇帝になってからも内外の危機に直面して、求めず

少年時代のマルクス・アウレリウス

とも苦難を与えられ自分を試され続けたのである。

### 「皇帝になる」という運命

五賢帝のうちでマルクスに特徴的なことは、私生活の面で彼自身が書き残したものが残っていることである。有名な『自省録』の原題は『タ・エイス・ヘアウトン』といい、「自分自身に」あるいは「彼自身に」という意味であるが、マルクス自身が付けたものかどうかわからない。公刊するつもりで書いた書物ではないとする見方が一般的である。マルクスは母語のラテン語ではなく、当時の文化言語であったギリシア語でこれを執筆している。今日、原典は一二巻からなっているが、その最初の部分にはクァディ族の土地で書かれたと付記されていて、後に紹介するマルコマンニ戦争の陣中で執筆されたことがわかる。

『自省録』は後期ストア哲学を代表する書物と一般にいわれるが、内容は哲学的思索から日常の観察、世話になった人物への謝辞など多岐にわたっている。わが国でも、現在三種類の邦訳があるが、洋の東西を問わずこの書物が読み継がれてきたのは、哲学的内容ばかりでなく、行間に垣間見えるマルクスの真摯な人柄のためでもあろう。

この著書以外に、ラテン修辞学の先生であったフロントに宛てた書簡が、若き日々から皇帝となったのちに至るまでのマルクスのその時々の心情を今日に伝えている。それによると、マルクスはおそらく二四～二五歳の頃、フロントらに指導を受けていた修辞学を離れて、本格的に哲学に向かうようになったらしい。しかし、「マルクス伝」は、彼がたいへん幼い頃から哲学の知識を得ようと努力していたと伝える。また、一二歳になった時に哲学者らしいギリシア風の粗末なマント一枚だけを着て勉強し、地べたに寝るという苦行のような生活を始めたが、母が懇願したため、仕方なく皮革を張った簡素な寝台に寝ることにしたとも伝えている。『自省録』の謝辞の内容からみると、まだ少年の頃にディオグネトゥスなる人物からこうした哲学的訓練を学んだらしいが、「マルクス伝」ではディオグネトゥスはマルクスの絵画の先生ということになっている。

**若き日のマルクス・アウレリウス帝**

当時の元老院議員ら上層市民にとって、修辞学は最高の教養に属し、教育においても最終段階に位置づけられていた。マルクスは、最高の教師に囲まれてこの方面に熟達することが可能であったが、そうならずに哲学の道を選んだのは、アポロニオスやルスティクスといった教師の影響ばかりでなく、彼自身の生来の性格や母親の影響が大きいのではなかったかと私は考えている。もっとも、マルクスは『自省録』の中で、修辞学や詩作の方面で自分がたいして進歩しなかったことを、もし進歩していたらそちらに熱中していたであろうことを理由に、神々に感謝している。

さて、マルクスは幼少時ハドリアヌス帝に可愛がられており、「ウェリッシムス」(「最も真実なる者」の意)と呼ばれていた。マルクスの名が「ウェルス」(「真実の」の意)であり、「ウェリッシムス」はその最上級であって、日本流にいえば「真《まこと》ちゃん」くらいに当たるかもしれない。皇帝は幼いマルクスに六歳で騎士身分に連なる栄誉を与え、七歳で祭司団の一員とし、そしてアントニヌスの養子にして将来の皇帝たるよう配慮した。しかし、『自省録』においてマルクスが謝辞を捧げる人々の中にハドリアヌスの名はなく、『自省録』の他の箇所にハドリアヌスが言及される折も、その扱いに親しみの感情はみえない。これは当時の政治支配層一般に抱かれていたハドリアヌスに対する畏怖(あるいは嫌悪)の感情の反映なのであろうか。

アントニヌス治世に入ってすぐの一三九年、マルクスは財務官となって正式に元老院議員となった。しかし、彼はまだ一七〜一八歳ぐらいであったから、これは通常の元老院議員経歴に照らせば例外的扱いである。翌一四〇年には執政官になった。まったく破格の扱いである。マルクスはすでに一三九年にアウレリウス・カエサルの名を

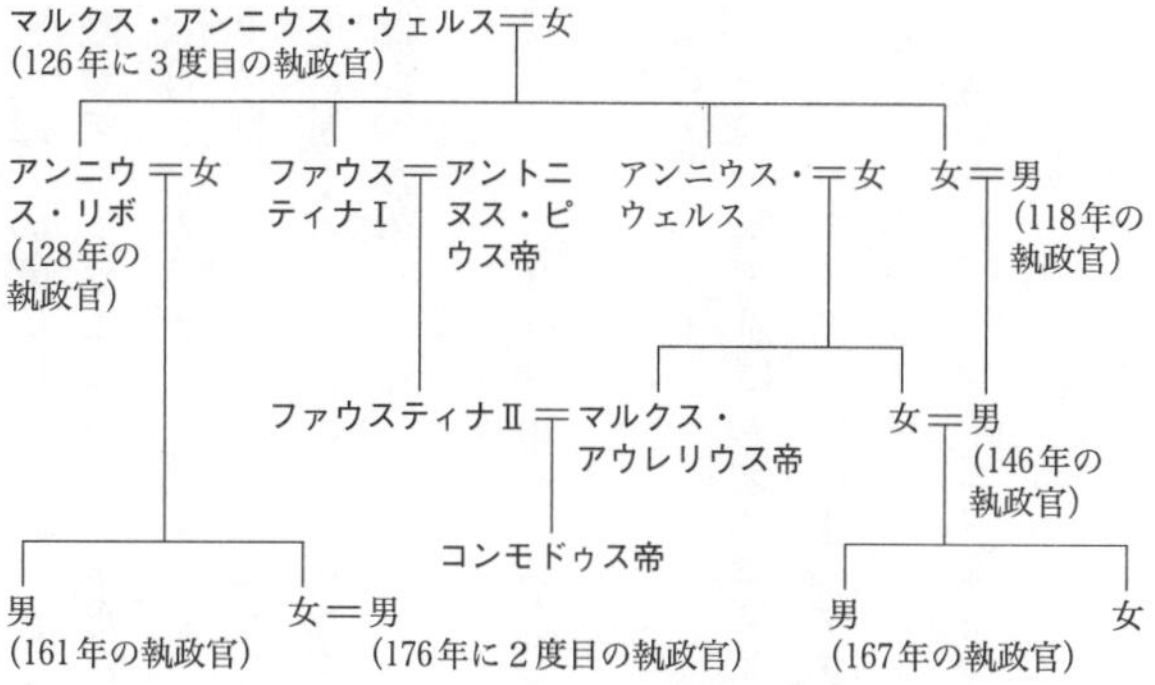


マルクス・アウレリウス帝の家系

得、「副皇帝」としての位置づけを与えられており、一四五年には皇帝の娘で自身の従姉妹でもあるファウスティナと結婚、また同じ年に二度目の執政官職に就任した。そして、一四七年には皇帝の持つ法的権限「護民官職権」「前執政官命令権」を与えられて、いつでも即位できる状態となった。父方祖父がハドリアヌス治世の大貴族で、父方叔父や母方親族も有力者ばかり、母方曾祖父はカティリウス・セウェルス。そして、義理の伯父が皇帝アントニヌス。このような環境で、マルクスは皇帝となることを運命づけられていたといっても過言ではない。

しかし、おそらくマルクスは皇帝になどなりたくはなかったであろう。皇帝となることは彼の「義務」であって「希望」ではなかった。後年、彼は『自省録』の中で、宮廷と哲学を継母と実母との関係にたとえ、哲学に時々は戻ってそこに憩え、そうすれば宮廷生活が我慢できるようになるし、また宮廷生活の中で自分が周囲にとって我慢できそうな存在になれるからだ、と書いている。だが、皮肉なことに、皇帝になりたくなかったマルクスは、これから述べるように皇帝としての義務のために、それまでの皇帝たちが誰も経験しなかった内外の多事多端に追われて、ほとんど哲学の中で憩う余裕を持ちえなかったのである。

## 3　パルティア戦争とマルコマンニ戦争

### 二人皇帝制

一六一年三月にアントニヌスの跡を継いで皇帝位に就いたマルクスは、自分と同様にハドリアヌスの命によってアントニヌスの養子となっていたルキウスを、同僚皇帝とした。ルキウスはマルクスより九歳ほど年少で、一五四年に早々と執政官職に就いてはいたが、アントニヌスはマルクスのみに帝位を譲ったのであって、このように皇帝を二人とすることはマルクス独自の措置である。彼がこのような手段をとったのは、ハドリアヌスの遺志を尊重したためとしばしば解説されるが、それればかりでなく、ルキウスにつながるイタリア系元老院議員たちに配慮したと考えることもできよう。マルクスは一六四年には自分の娘ルキッラとルキウス帝とを結婚させて、義理の兄弟関係から義理の親子関係へと間柄を発展させた。

マルクスは治世最初の一六一年の正規執政官にルキウスとともに就任したが、一六七年にルキウスを再び執政官としたものの、自身はその後二度と執政官職に就くことはなかった。五賢帝時代の皇帝が執政官職就任を遠慮する傾向はここに極まったわけである。

マルクス・アウレリウス帝

こうしてマルクスの治世は二皇帝という体制で順調に始まったが、まもなく東方で難題が持ち上がった。東方のパルティア王国がローマの宗主権下にあるアルメニア王国を脅かしたため、これを排除しなければならなくなったのである。アルメニア王国は、現在のアルメニア共和国の領域より広く、トルコ東部から、アルメニア共和国、アゼルバイジャン共和国にかけての広大な地域に及んでいた。トラヤヌス帝によってローマ支配下に入り、一時属州とされていたが、ハドリアヌスによりローマの宗主権を認める被護国家となっていた。

マルクスはこの対策として、ルキウス帝に遠征軍を率いて東方に行かせることにした。ルキウス帝はシリアに留まり、さして顕著な働きをしたわけではなかったが、部下の将軍たちが奮戦してパルティア人たちを撃退してローマの優位を確保したため、一六六年に凱旋することができ、マルクスとともに一〇月に戦勝を祝った。

ルキウス・ウェルス帝

ところが、帰還した軍隊が東方から疫病を持ち帰り、それが広がったため、大混乱が発生した。この病気は天然痘ともペストともいわれるが、一九世紀の近代歴史学の祖ニーブール以来、この時の疫病の影響は強調され、とくにボークという学者が西方におけるローマ帝国衰退の重大原因と主張したことで知られている。もっとも、最近の研究では、この時の疫病の影響をそれほど大きく考えない学説が主流となっているが、戦勝とはいえ、とくに得るもののなかった遠征ののち、今度は疫病に見舞われ、マルクス帝が消耗したことだけはまちがいない。

## マルコマンニ戦争の勃発

ローマ市のコロンナ広場に今日でも見られる巨大な円柱、「マルクス・アウレリウス帝記念柱」は、トラヤヌス広場にある「トラヤヌス帝記念柱」と同様に、柱の表面を螺旋《らせん》状に浮彫して戦争の場面を描いたものである。トラヤヌス帝記念柱がダキア征服戦争の場面を再現しているのに対して、マルクス帝のそれは、一般にマルコマンニ戦争と呼ばれる北方の諸部族とローマとの戦いを再現したもので、マルクス治世の一七〇年代に建てられた。

マルコマンニとはローマ帝国の国境の外、現在のチェコあたりに住んでいたゲルマン系の部族の名である。一六六年の末かその翌年の初めに、ドナウ川の向こうに住んでいたゲルマン系のランゴバルディ族とオビイ族が国境を越えてローマ帝国領内に侵入し、これを撃退するために出撃したローマ軍との間に戦いが始まった。侵入の背景には、パルティア戦争のためにドナウ地方からも軍隊が出動し、ローマの国境防衛力が減じたことがあった。これ以後、一〇年以上にわたって北方の諸部族とローマとの間に断続的に戦争が行われることになった。その際、ローマの敵の中心的存在となった部族がこのマルコマンニ族であり、古代以来この部族の名を取って戦争をマルコマンニ戦争と呼んでいる。

マルクス・アウレリウス帝時代の帝国北方辺境

マルコマンニ戦争の始まりをなした六〇〇〇人のランゴバルディ族とオビイ族のドナウ渡河、属州パンノニア（現在のハンガリー地方）侵入事件は、まもなくローマの派遣部隊により侵入者たちが撃退されて終息した。一六七年五月頃属州パンノニアの東部は平穏で、この地方を統治する属州下部パンノニア総督は一部の兵士を除隊させている。また、パンノニア西部を統治する属州上部パンノニア総督のもとに、マルコマンニ族の王マッロマリウス以下一一名の首長が和を請うている。しかし、この年の夏にはダキア西部の金鉱地帯が襲撃され、ローマの二正規軍団がこれに対処するため派遣された。

ドナウ国境地帯の安全を確立するため、

マルクス帝はルキウス帝とともに一六八年春に首都ローマを出発して、北イタリアに向かった。北イタリアの商業都市アクィレイアに北方部族に対する総司令部を設置するためであった。この時皇帝たちが北方諸部族の行動に対してどの程度の予想と対策とを胸中に抱いていたかは明らかでない。しかし、まもなく北方の諸部族の大侵入が生じ、戦局はローマの圧倒的不利の状態へと急展開して、マルクスを忙殺させることとなるのである。

### 大侵入――未曾有のローマの危機

マルクス、ルキウスの両皇帝は有力元老院議員たちを参謀として伴い、アクィレイアに向かった。そして、北方諸部族の攻撃に対抗する属州総督を支援するため、近衛隊長官に軍隊を付けて派遣した。ところが、まもなくこの派遣された近衛隊長官が敗死し、軍隊も一部壊滅するという事態が生じた。マルクスは直ちに近衛隊長官の後任を任命すると同時に、「イタリア＝アルプス辺境守備隊」を新たに設置して、北方からの攻撃に備えた。

一六八年から一六九年への冬の時期を、マルクスはアクィレイアで過ごすつもりでいたが、ルキウス帝が執拗に催促し、寒気と疫病に悩まされもしたので、冬の半ばにローマ市への帰還を始めた。しかし、移動を始めてまもなく、一六九年の一月末に、北イタリアのアルティヌム近くでルキウス帝は卒中で他界した。三八歳の若さであった。

首都に戻り、ルキウス帝の葬儀を済ませ、さらに軍隊の補充と皇帝家の財産競売などの措置を行うと、一六九年秋にマルクスは再びローマ市を発って北に向かった。この年にはハンガリー低地を中心にして諸部族とローマ軍の間で激しい戦闘がなされていた。マルクスはその年の冬の司令部をシルミウム（現在のセルビアのスレムスカ・ミトロヴィッァ）、ないしはシンギドゥヌム（現在のベオグラード）に置き、一七〇年に入ると敵対する諸部族に攻撃をかけたが成功しなかったようである。そして、このローマ軍の敗北の直後、諸部族の北方からの大侵入が起こった。

マルコマンニ族や同じゲルマン系のクァディ族、それに彼らと同盟する諸部族の連合軍は、ボヘミアやスロヴァキア地方から当時の通商路だった「琥珀《こはく》の道」を通り、アルプス山岳地帯を突破して北イタリアへなだれ込んできた。オピテルギウム市は破壊され、アクィレイア市は包囲された。また、ほぼ同じ頃、コストボキ族が南下してバルカン半島をトラキア、マケドニアを抜けてアカイアまで達した。アテネは直接の被害は免れたものの、その北西にある聖地エレウシスは破壊されてしまった。北方の諸部族が同盟を組んでローマ帝国内に侵入し、その攻撃がイタリアにまで及んだことは、帝政時代になって以来、未曾有の大事件であった。この大侵入は、平和を長らく享受していたイタリアの人々を極度の不安に陥れたであろう。

### 「雨の奇跡」

二方面に攻撃を受けたマルクスは、早速侵入者を撃退する行動を起こした。しかし、反撃は容易に進まず、歴戦の将軍が戦死するなどローマ側の被害も少なくなかった。一七一年にマルクスは司令部をカルヌントゥム（現在のオーストリア東部、ウィーンより四〇キロ東方にあった町）に移した。この年の貨幣には、必ずしもよくない状況の中で戦わねばならぬ軍隊に忠誠と団結を訴えかける銘が刻まれている。同年、北アフリカのマウリ族（ムーア人）が反乱を起こしてジブラルタルを越えイベリア半島に侵入したので、これにもマルクスは対処せねばならなかった。

困難を極める当時のマルクス帝の戦いぶりに関して、史家ディオは「雨の奇跡」の事件を記録している。彼の説明はおおよそ次のようである。マルクス帝はクァディ族に対する戦闘において、思いがけない勝利を手にした。それは、ローマ軍がクァディ族の大軍に包囲されて、傷つき疲れ、また炎熱と水を得ることを阻止された渇きによって、窮地に陥っている時であった。戦うことも退くこともできず、ただ炎熱の中で身を焦がして立ちすくむような状態にあった時、一天にわかにかき曇り、豪雨が彼らを襲った。ローマ軍兵士はそれを受けては飲み、敵が襲いかかってくると飲みながら戦った。

激しい雨とともに、雷が、敵の戦列を襲った。しかし、雷は不思議とローマ軍を襲わず、稀《まれ》に落ちてもすぐ火は消えた。敵にとって、激しい雨は雷の火を消すどころか油のようにあおり立てたため、彼らはずぶぬれになりながら消火のための水を求めなければならなかった。ローマ軍の下に落ちた雷はすぐ消えたから、敵はローマ軍が火を消す水を持っていると信じて飛び込んで来て倒された。これは神々の助けであった。マルクスの友人であったエジプトの魔術師アルヌフィスが、魔術で神々、とくにヘルメス神を呼び寄せて雨を降らせたのだという話も伝えられている。そして、こんな時でもマルクスは敵に憐れみをかけた。

ディオはこのように伝えるが、ディオの史書を抜粋の形で保存する一一世紀のキフィリヌスという人物は、次のようにディオの誤りを指摘する。彼によれば、本当は途方に暮れたマルクス帝が自軍の中にいるキリスト教徒に試みに祈らせたところ、神がその願いを聞き入れて敵に雷を投じ、ローマ軍には雨水を与えて渇きを癒やしてあげたのだというのである。古代末期のエウセビオスも、その著『教会史』の中で同様の解説を与えている。

ディオの説明の中では混ざり合っているが、元来このエピソードは「雨の奇跡」と「雷の奇跡」の二つに分かれていたらしい。マルコマンニ戦争の状況を浮彫にして記録しているマルクス帝の記念柱では、その第一一景に「雷の奇跡」が、第一六景に「雨の奇跡」が描かれているからである。この「雷の奇跡」「雨の奇跡」が実際に起こった出来事であるのか。起こったとすればいつのことで場所はどこか。こうした問題について、記念柱の浮彫の情景解釈や歴史性とも絡んで、欧米の学界では熱心に議論された。マルクス帝に関する重要な研究書の中でこの問題にふれたアントニー・バーリー教授は、「雷の奇跡」を一七二年、「雨の奇跡」を一七三年の事件としている。

この事件はしばしばローマ軍劣勢の状況を説明するエピソードとして利用されてきた。しかし、記念柱にその情景を刻していることから考えて、むしろ何らかの戦勝の反映と考えた方が適切ではなかろうか。

## ローマの反撃

事実、一七一年の終わり頃になると、戦局がローマ側に有利になってきたようである。戦いと同時に、マルクスは講和交渉によって敵の同盟を分断し、最も好戦的でローマに敵対的な部族を孤立させようと試みている。大侵入の際立って重要な点は、互いに敵対状態にあった国境外の諸部族が、同盟関係を結んでローマに攻撃をしかけてきたことであった。それゆえ、クァディ族のように和を求めてきた者に対しては講和交渉し、敵の同盟を分断するというのはきわめて有効な戦略であったのである。

この交渉の結果、国境外の一部の部族が帝国内に移住し、イタリアにも入ったが、ラヴェンナに移った者たちが問題を起こしたので、以後マルクス帝は再びイタリアに移住させることはしなかったと古代の歴史書は伝える。

一七二年から明らかにローマは国境を越えて敵地に攻撃を加えるようになり、貨幣にも「ゲルマン人に対する勝利」の銘が刻まれるようになった。講和交渉も積極的に行われ、条約が締結されることもあったが、条約不履行を犯す部族が続出し、なかなか戦争は終わらなかった。最初にローマと講和条約を結んだクァディ族は、一七二年にマルコマンニ族がローマと戦っている際に彼らを援助してローマを裏切った。

マルクスは一七三年のうちにクァディ族と戦って講和に持ち込んだが、一七四年にローマ軍がサルマティア系のイァジュゲス族と戦いを始めると、クァディ族は再び条約を無視してイァジュゲス族と同盟し、親ローマの王フルティウスを廃して反ローマのアリオガエススを王にたて、ローマに反抗した。このアリオガエスス擁立に対しては、普段温厚で寛容なマルクス帝も、アリオガエススの首に賞金を懸けさせるほど怒った、と史家ディオは伝えている。度重なる条約違反に、マルクスはクァディ族らをまったく信用しなくなっていたであろう。

一七五年になってもイァジュゲス族は頑強に抵抗していたが、ついにローマの武力に屈して和を請うた。マルクス帝記念柱の浮彫には、彼らの王ザンティクスと首長たちがマルクスの前に現れ降伏する場面が描かれている。こうして夏にようやく講和が結ばれ、戦いは休戦状態となった。マルクスは八度目の「大将軍」の歓呼を受け、「サルマティクス」(サルマティア人に対する勝利者)の称号を得た。しかし、平和が訪れたわけではない。同じ頃、東方で一大事が生じていたのである。

## アウィディウス・カッシウスの反乱

一大事とは、シリア総督アウィディウス・カッシウスが反乱を起こして自らを皇帝と宣言したというものだった。カッシウスはシリア人の修辞学者の子に生まれ、騎士身分の家柄の出ながら元老院議員となってパルティア戦争で活躍、補充執政官にも就任していた。マルクスが北方諸部族との戦闘を指揮していた一七二年、エジプトでブコロイと呼ばれる人々の反乱が生じたが、マルクスの命でカッシウスはこれを鎮圧し、これを機会にカッシウスはマルクスより東方全体に対する監督権を与えられたようである。

カッシウスはなぜ皇帝を僭称したのだろうか。史家ディオはおおむね次のように伝えている。マルクスの皇后ファウスティナは、夫があまりに病弱なため息子コンモドゥスの将来に不安を感じ、もしマルクスが死ぬようなことがあれば自分と皇帝権を手にするようにカッシウスに依頼していた。ところが、マルクス死去の誤った噂を聞いたカッシウスは、その噂の真偽を確かめることもせず皇帝を僭称し、真実を知った後も方針を変えずに、東方の軍団を掌握して戦いによって帝権を得ようとしたというのである。

このディオの伝える皇后が絡んだ反乱動機が真実であるか否か、判断は難しい。ドナウ地方の陣営で反乱の知らせを聞いたマルクスは、息子コンモドゥスを首都から呼び寄せて、東方に向かうことにした。ローマの元老院はただちにカッシウスを「国家の敵」と宣言し、その財産を没収したが、そのために、カッシウスが復讐にやって来るという不安から首都ではパニックが生じた。そこでマルクスは、とくに「首都防衛軍」を配置しなければならなかった。

属州シリア総督であったカッシウスは、マルクスから東方全域にわたる権限をも与えられていたから、擁する軍団は合計七軍団で、大勢力であった。かつて東方の指揮権を与えられていたウェスパシアヌスがネロ死後の内乱で帝権を勝ち取ったことがあったし、トラヤヌス帝の有力ライヴァルのニグリヌスや即位前のハドリアヌスも属州シリア総督だった。もし、カッシウスの軍勢とマルクスの軍勢とが正面から戦えば、多くのローマ人の血が流され、また北方諸部族に新たな帝国領侵入の契機を与えることになったであろう。

しかし、カッシウスは七正規軍団とエジプトを勢力下に置いていたものの、かつてパルティア戦争をともに戦った将軍で属州カッパドキア（現在のトルコ東部）総督だったマルティウス・ウェルスを味方につけることはできず、ドナウ国境地帯で戦っている東方出身者やパルティア戦争時代の部下たちの援助に期待をかけたが、小アジア以西からの支援はまったく得られなかった。そして、反乱の三ヵ月と六日後、おそらく一七五年の七月の終わり頃に、カッシウスは部下の百人隊長に暗殺されてしまったのである。首都をも恐れさせたシリアでの反乱劇は、内乱に至ることなく、あっけない終わりを迎えたのであった。

## 皇后ファウスティナの死と後継者決定

カッシウスの死後、マルクスの命を受けた属州カッパドキア総督マルティウス・ウェルスがまずシリアに入り、反乱を起こした中枢部を制圧した。この時、皇后ファウスティナに関する書簡が焼却されたと反乱勃発の真相にかかわる記事を残す史書があるが、真偽はもとより明らかでない。東方全体の秩序を回復する必要を感じたマルクス帝は、皇后と息子コンモドゥスを伴って巡幸した。一七五年から一七六年の冬はエジプトのアレクサンドリアで過ごし、その後小アジアへ向かった。マルクスはカッシウスを助命してやれなかったことを後悔し、彼の一族や反乱に与《くみ》した都市や人々に対して寛大な措置をしたという。

小アジアを旅していた時に、タウロス山麓の寒村ハララで皇后ファウスティナが病没した。四六歳であった。マルクスはたいそう悲しみ、彼女が死んだ村をファウスティノポリスと名付け、神殿を建てた。

ファウスティナはマルクスと三一年間の結婚生活を送り、一四人の子どもを産んだが、多くは夭折して、成長し得たのは女子が五人、男子は後に皇帝となるコンモドゥス一人であった。彼女には不貞の噂がつきまとったが、マルクスはそれを知らなかったか、知らないふりをしていたと「マルクス伝」は伝えている。史家ディオは、先に述べたように、カッシウスの反乱の原因を彼女に帰しており、「マルクス伝」は彼女の愛人の名をあげている。このように古代におけるファウスティナの評判は悪く、近代になってからも、古代の伝承にしたがって彼女を不貞の悪妻とみるギボンらの叙述が存在するが、近年ではそうした見方はあまり支持されていない。そもそも彼女の評価はその息子コンモドゥスの評価と不可分の関係にあり、暴君コンモドゥスの非行の責任を、その母である彼女が負う格好になっているように私にはみえる。困難な戦争の間、夫に同行し、一七四年には「陣営の母」の称号を受けた彼女の行動も、その評価に当たっては勘案される必要があろう。

マルクス帝は小アジアからアテネに立ち寄り、ここで哲学などの研究教育活動に援助を与え、またギリシア宗教の秘儀体験をした。そして海路首都に戻り、一七六年の年末には息子コンモドゥスとともに戦勝を祝った。

カッシウスの反乱はまったくの未遂に終わったが、ローマ中央政界には少なからざる影響を与えた。この事件に衝撃を受け政権の将来を考えたマルクス帝は、翌一七七年にはまだ一五歳に過ぎなかった息子コンモドゥスにアウグストゥスの称号を与え、一挙に共同統治する皇帝の地位に就けた。まったくの世襲である。このことによって、哲学者皇帝マルクス・アウレリウスは後にたいへん批判されることになるが、実子がいるにもかかわらず別人を養子にして帝位に就けさせることなど、マルクスは考えもしなかったであろうし、周囲の人々とて同様であったに違いない。

コンモドゥスが共治帝となって皇帝位継承が明確となった一七七年、再びドナウ国境方面で戦争が始まった。マルクス帝はコンモドゥスや多くの有力議員をともなって、一七八年八月三日に首都ローマを出発し、戦地に赴いた。ローマ軍は有能な将軍たちの指揮の下、かなりの戦果をあげた。マルコマンニ族とクァディ族に対しては、それぞれに二万人のローマ軍兵士が圧力をかけていた。一七九年から一八〇年にかけての冬も敵地の占領は続き、一部の部隊は敵地に深く侵攻した。ドナウ川より一二〇キロ北方にあるスロヴァキアのトレンチンに遺された碑文や、この地に指揮官として駐留していた人物に関する北アフリカ出土の碑文から、ドナウ川以北がかなりローマ軍によって占領されていたことがはっきりわかる。

しかし、戦争がローマ軍に有利に展開して敵地の占領が続く中、一八〇年三月一七日、皇帝マルクスは世を去った。ウィンドボナ、すなわち現在のオーストリアの首都ウィーンがその没地とされているが、シルミウムと伝える記録も残っている。いずれにせよ、首都ローマ市を遠く離れたドナウの辺境に変わりはない。父帝の死後、コンモドゥスはしばらく戦いを続けたが、やがて講和条約を結び、首都に帰った。そして、一八〇年一〇月二二日には首都で戦勝を祝っている。ここに長かったマルコマンニ戦争は遂に終結したのである。

## 4　戦争と新しいエリートたち

### 危機と戦乱の時代

五賢帝最後のマルクス・アウレリウスの治世は、これまで述べてきたように、五賢帝時代という平和と安定の最盛期というイメージとはほど遠い、危機と戦乱の時代であった。パルティアとの戦争はともかくとして、一六〇年代後半以降の戦いは一時ローマ帝国の中枢に脅威が迫った深刻なものであったから、マルクス帝は帝国統治を行うに際して、その精力のほとんどを戦争に注がねばならなかった。彼は、いかにしてこの危機を乗り切ったのであろうか。

マルクスが即位し、ルキウスを共治帝とした時、そしてのちにコンモドゥスを後継者とした時、元老院はまったく反対しなかった。アウィディウス・カッシウスが東方で反乱を起こした時も、元老院は直ちにマルクス帝に忠誠を表明してカッシウスを「国家の敵」と宣言した。反乱に与した有力元老院議員の名は知られていない。マルクス帝はその治世において元老院議員たちをおおむね掌握していたと考えてよいであろう。

早くから皇帝になることを運命づけられていたが、マルクスは即位しても決して独裁に陥ることなく、アントニヌス・ピウス帝と同じように元老院に敬意を表し、政策決定においても裁判に関しても広く意見を求めたようである。『マルクス伝』は、皇帝が次のように言うのが口癖であったと伝えている。「かくも多くの優秀な友人諸君の助言にわたくしが従う方が、諸君がわたくしたった一人の意向に従うよりもずっと公正である」。

しかし、アントニヌス・ピウス帝の時代とは周囲の状況がまったく変わってしまったマルクスの治世において、穏和で衆議にはかるような政治の運営で危機を乗り越えることができたであろうか。

この点で私たちが見逃してならないのは、マルクスがとった人事的措置の特徴である。マルコマンニ戦争の初期、歴戦の将軍が戦死するなど手痛い敗北を喫し、諸部族の同盟に北イタリアに侵入されてこれを押し返すためにマルクスが奮戦していた頃、皇帝の下で軍団指揮に当たっていたのは、ポンペイアヌスやペルティナクスといった、それまでとは出自が異なる元老院議員たちであった。マルクスは元老院の権威に敬意を払う一方で、斬新な人材登用を行っていたのである。

## 新しいエリートたち

ポンペイアヌスはシリア、アンティオキア市の騎士身分の家柄の出である。元老院議員になり、一六九年に補充執政官まで達した。マルクス帝は、この年にルキウス帝が死亡して未亡人になった娘ルキッラを、このポンペイアヌスに嫁がせた。ルキッラ本人や母親の皇后ファウスティナが（おそらく家柄の問題で）反対したにもかかわらずである。ポンペイアヌスはこののちすべての遠征でマルクスに同行し、右腕となって働いた。マルクス帝記念柱に皇帝と並んで現れる彼の姿に、図像学者たちははっきりとセム人の特徴を認めている。のちになって、マルクスを尊敬していた「背教者」ユリアヌス帝は、マルクスが実子コンモドゥスに帝位を継がせず、女婿のこのポンペイアヌスに継がせるべきであったとその作品の中で書いている。

ペルティナクスは、ポンペイアヌスよりもっと社会的地位の低い解放奴隷身分の材木商の子として生まれた。騎士身分の軍事職を長年務め、マルコマンニ戦争が始まってまもない頃、元老院議員となった。ドナウ国境地帯で軍を率いて戦い、ローマ側が優位に立つようになった一七四年頃には補充執政官にまで昇進し、さらにドナウ地方の重要属州の総督を歴任した。この人物はコンモドゥス帝が暗殺されたのち、一九三年、ついにローマ皇帝となったが、わずか三ヵ月後に暗殺されてしまった。しかし、それでも解放奴隷の息子が帝国の頂点にまで到達したというのは、一種のサクセス・ストーリーといえるかもしれない。このペルティナクスの成功も、マルクス帝が出自にとらわれずに能力のある者を登用した代表的な例といえるだろう。

マルコマンニ戦争においては、彼ら両名以外にも、故郷のパンノニアを守るために戦っていたM・ウァレリウス・マクシミアヌスなど、騎士身分から上昇したばかりの新しい元老院議員たちの活躍が目立った。このような注目すべき人事上の傾向は、G・アルフェルディ教授のプロソポグラフィー的研究によっても確認される。執政官就任者を教授が調べた結果によると、アントニヌス・ピウス帝時代に執政官に就任した人物の半数を超える者がイタリア出身者であったのに対し、マルクス治世ではイタリア出身者の執政官就任者に占める割合は半数を大きく割り込んでいて、属州の出身で執政官の地位を手に入れた者が増加している。皇帝管轄属州の総督になった人物の出身地の調査でも、マルクス治世はアントニヌス・ピウス治世よりも属州出身者の比率が増えている。さらに注目すべきことに、マルコマンニ戦争勃発の頃より五年間ほどは、皇帝管轄属州の総督になった人物にイタリア出身者がまったくいない異常ともいえる事態が生じている。

このような急激な変化は、マルクス帝が危機乗り越えのために行った人材登用措置を反映していると思われるが、その意味するところをもう少し深く考えるために、次に元老院議員の帝国統治への参加のあり方を考えてみよう。

## 元老院議員の経歴

ローマ帝国の最高身分とされた元老院議員身分にも、その内部に家柄の点で差異が存在した。古来の血統貴族に等しいものとされ、宗教上の職務を担うパトリキ貴族の家系、パトリキほどではないが、これまでに執政官就任者を出したことのある伝統のある家系、父親の代までは騎士身分で、その人物で初めて元老院に席を占めるようになった新興家系など、ひとくちに元老院議員階層といっても実際は多様だった。帝政期に入って、皇帝行政が定着をみたといってよい一世紀後半のウェスパシアヌス帝時代から、元老院議員が公職に就いて政治に参加する際の公職就任順序が整備され始め、ハドリアヌスの時代にはほぼ完成したといわれているが、その就任順序にはこの家柄の差異が組み込まれていた。

元老院議員の子弟や昇格して元老院議員の経歴を歩むことになった者は、二五歳に達し財務官という公職に就いて初めて正式の元老院議員となる。しかし、それ以前にすでに経験しておくべき職があった。一八〜二〇歳の頃に首都の二〇人委員という公職の一つに就くことが、実質的に彼らの経歴の初めをなしていた。この二〇人委員という公職には四つの部門があって、パトリキ貴族の子弟や皇帝からとくに優遇された者が「造幣三人委員」に就任し、「道路管理四人委員」、「訴訟裁定のための一〇人委員」が重要さの点でそれに続き、元老院議員階層に入ったばかりの者や皇帝から何も期待されなかった人たちは、「死罪担当三人委員」になるのが普通であった。このうち、一年から三年の間、彼らは属州に駐屯する軍団で高級将校として見習い勤務をするのが常であるが、パトリキ貴族の子弟などはこれを省略することが多かった。正式の公職経歴に入る前にすでに出自による差がはっきりと出ているのである。

正式に元老院入りするための公職、財務官には毎年二〇名が就任したが、これは二〇人委員の数と対応している。この財務官にも、皇帝財務官や首都付き財務官、属州総督付き財務官など各種の職務があり、出自や能力によって就任者は選別された。財務官を経験した者は、護民官や按察官などを経験したうえで、三〇歳ぐらいで法務官となった。当時、法務官のポスト数は一八あったから、これに就任することはさして難しくはなかった。しかし、門地の高いパトリキ貴族は「平民系」の公職である護民

二〇人委員
←正規軍団見習い高級将校
←財務官
←按察官
護民官
←法務官
←正規軍団司令官
皇帝管轄属州総督
元老院管轄属州総督
←執政官
←元老院管轄二大属州（アシア・アフリカ）総督
正規軍団駐屯皇帝管轄属州総督
クラトル（水道長官など）
←（二度目の執政官）
首都長官

元老院議員の公職経歴

官などには就任せず、すぐに法務官となり、さらに三二〜三三歳の若さで最高公職の執政官に到達するのが通例であった。

　法務官を経験した者が就くことができる公職はたくさんあったが、なかでも軍団司令官や属州総督がとくに重要であった。成功を収めた者はおおむね四〇歳頃に最高公職の執政官となったが、法務官就任後の経歴のうちで、皇帝管轄属州の総督や軍団司令官職など、皇帝のために果たす職務を経験した者が、より早くより確実に執政官職に到達し得た。アントニヌス・ピウス帝やマルクス帝の時代には一年に四組から五組の執政官のペアが就任していて、執政官は毎年二人だけであった共和政時代のように少数の者の特権になっていたわけではなかった。しかし、法務官までは元老院議員のほとんどが到達し得たものの、執政官となると多くてその半分しか就任できなかったし、執政官職就任それ自体よりも、そのあとで執政官経験者として就任するポストに帝国統治のきわめて重要な職があったから、元老院議員にとって、執政官に就任することは依然として大きな目標であったに違いない。

執政官の経験者には、首都のさまざまな世話役や元老院管轄の属州アシア（現在のトルコ）と属州アフリカ（現在の北アフリカ）の総督職、そして軍団を保有する皇帝管轄の重要属州の総督のポストが待っていた。パトリキ貴族は執政官就任後も首都やイタリアの文官的職務やせいぜい元老院管轄属州の総督を務めるだけで、軍団を率いる皇帝管轄属州の総督を務めたりするトラヤヌスのような例はあまりなかった。また、幸運な者は二度目の執政官職に就任する栄誉を得た。そして、首都長官職が公職経歴の最後を飾る名誉な職となっていた。

### 「新しいローマ人」の活力

以上のような元老院議員の経歴をみると、彼らをつい今日の官僚と同じように考えてしまいそうになる。もちろん彼らは「公職」に就いても「公僕」ではなく「権力」

を持つ存在であったから、今日の官僚と同質とみることは禁物である。しかし、五賢帝時代、元老院議員の経歴の順序が固まり、かつ実質的に公職者が皇帝の命令に服する存在であることが自明になってくると、今日の官僚と同じような性格を帯びてくることもまた否定できない。

公職経歴の順序が固まってくると、皇帝にとっては帝国統治に必要な人材を安定的に獲得できるようになり、好都合であった。それと同時に、経歴順序の固定化は皇帝の自由な人事権を制限する作用もした。整備された経歴順序を無視して人材を登用し昇進させることは、周囲の人々を納得させるに足る理由がなければ避けなければならなくなったのである。

すでにみたように、元老院議員の政治参加のシステムには、ローマ社会の身分と階層の構造が組み込まれていた。人材を登用するに当たって、皇帝はまず出自などを勘案しなければならなかった。もし、ローマ社会がカースト的な構造を持つ社会であったなら、出自を基準においただけの経歴順序の固定化は、政治参加のシステムを単純で硬直化したものにしてしまったであろう。

ところが、第二章で説明したように（一一一～一一二ページ参照）、ローマ社会には流動性があって、最高身分の元老院議員階層もその内部で絶えず変化していた。古い時代に遡《さかのぼ》ることのできる家系はどんどん減少して、イタリアの地方都市や属州の都市から新しい元老院議員が中央政界に参入してきていた。五賢帝時代では、その家系で最初に元老院議員となり執政官職まで到達したいわゆる「新人」の典型は、属州の出身者であった。首都やイタリアとは縁のないそうした新興家系出身者が、騎士身分から上昇して元老院に議席を得、帝国統治に参加するようになったが、整備された公職の就任順序のシステムに、彼らも穏やかに組み入れられていった。皇帝は伝統に配慮し経歴の順序を乱すことなく、これら新興の元老院議員たち——「新しいローマ人」——の力を帝国統治に活かすことができたのである。

ここに私たちは、五賢帝時代になぜ帝国の安定と繁栄が実現したかという問いに対して、一つの解答を見出すことができる。紀元二世紀前半には帝国統治のシステムが安定するとともに公職就任順序が整備固定化されて、身分と階層の構造を持つ伝統的なローマ社会が供給する人材を、帝国統治に安定的に組み入れることができるようになった。また、それと同時に、保守的な価値観念に対立しない程度に穏和な形で、新しい活力ある人材を登用することもできた。伝統と現実との双方にうまく適応したシステムが出来上がり、機能していたのである。このことが、諸皇帝が政治支配層を掌握し得たこととならんで、五賢帝時代の政治的安定と繁栄を支えていたのである。

## 政治家と将軍の二役

古来、ローマの元老院議員は、高位の行政官吏と軍隊司令官という二つの役割を期待されていた。すなわち、優れた政治家であり優秀な将軍でもあることが求められていたのだ。皇帝政治が始まって、帝国全体にわたる政治は皇帝が指導するようになり、元老院議員は属州で皇帝の代理として統治に携わるような形となったが、一軍団六〇〇〇名の司令官の職、あるいは複数の軍団を率いる総司令官としての属州総督の任務は、彼らの就くべき職として維持された。外敵の攻撃があった時、あるいは内乱が生じた時、軍を率いて戦うのは元老院議員であった。経歴順序が固定化する時代になっても、彼らはそのような軍事職に充分対応できる存在であったのだろうか。

すでに述べたように、元老院議員は若い頃に一年から三年の間、高級将校として属州駐屯軍団において見習い勤務をした。しかし、この見習い期間が有能な将来の将軍の養成に有効であったとはどうも思われない。歴史家タキトゥスは自分の妻の父アグリコラ将軍の見習い勤務時代について次のように書いている。「アグリコラは、軍務を放蕩に変えてしまう若者のやり方に従って奔放なふるまいをするようなことはしなかったし、また、軍団将校の名誉ある称号や未熟さを理由にして、享楽に耽ったり帰休したりするような怠慢なふるまいをすることもなかった」。

　元老院議員はこの若い時代の見習い将校時代を過ぎると、文官職を務めることが続き、三〇歳を過ぎて法務官を経験してのち初めて軍団司令官になった。軍隊指揮官としての経験を継続して積むことは難しかった。

　さて、当時の正規軍団の数は二四から二六の間であった。属州エジプトの軍団司令官が例外的に騎士身分であることや属州総督が司令官を兼務しているケースがあることを除くと、元老院議員身分の軍団司令官は合計で二三人ほどである。司令官の勤務年数はおおむね二年から三年とみられているが、そうだとすると平均して毎年少なくとも一〇名程度は司令官の交代が必要となる。この数は、毎年就任する法務官の数の半数より多くなり、また法務官就任者には軍団司令官職に就くことが少ないパトリキ貴族も含まれているから、軍団司令官に就任可能な人物の数はもっと少なくなる。さらに、騎士身分から途中で昇格した人はともかく、最初から元老院議員身分の経歴を歩んでいる人物の場合、同一人物が何度も違った軍団の司令官に就任することはあまりなかった。したがって、軍団司令官は多くの候補の中から有能な人材をゆとりを持って選抜するという状況にはとうていなかったはずである。

　同じ問題は、執政官を経験した人物を軍団を保有する属州の総督に選抜する際にも生じる。五賢帝時代、複数の軍団が駐屯する属州の数は九から一〇であった。これに対して、毎年執政官となる人の数を八人とし、かつ総督の任期をやや長めに五年とすると、候補者は八×五で四〇名となる。しかし、執政官就任者には皇帝や軍務に就かないパトリキ貴族が含まれており、元老院議員の病気や死亡をも考慮に入れると、候補者は二五人から三〇人とみてよい。同じ人物がいくつもの職を順次こなすという稀な例を考慮に入れても、結局執政官就任者の三～四人に一人は、二万人から四万人の大軍を指揮することになると考えられるのである。

騎士身分がさまざまな軍務を連続して務めるのが一般的であるのに対して、元老院議員の場合は見習い将校時代以降、軍隊勤務の経験は不連続でかつ少なく、アマチュアといえるような状態であった。実際、帝政のごく最初の時期に、伝統あるパトリキ家系の人物に大軍の指揮を委ねることは事実上断念されていた。パトリキに列せられた元老院議員でも、タキトゥスの岳父アグリコラや皇帝トラヤヌスのように軍事に秀でた人物もいたが、そのような例は次第に少なくなり、ハドリアヌス以降はパトリキが法務官就任後にすぐ執政官になる経歴が一般化して、彼らが軍団司令官を経験する機会はほぼなくなった。パトリキ貴族ではなく将軍として活躍した祖先を持つ議員家系でも、その後三代目くらいになると軍務を忌避する傾向がでてきた。

このような元老院議員の本質的な弱点は、経歴の整備にしたがって次第にはっきりしてきた。そのため、国防に責任を持つ皇帝としては、一定の元老院議員を軍事に秀でた専門家として確保すると同時に、社会的上昇の手段として軍務を厭《いと》わない新しい家系の出身者を登用することを必要とした。それと並んで、皇帝は騎士身分の中から軍隊指揮に優れた人物を元老院議員身分に編入して登用する方法を用いることもできた。ただ、この編入という方法は固定化された経歴順序を無視する人事であり、よほどの必要がない限り避けるべき措置と考えられていたようで、その数は決して多くはなかった。

### マルクスの人事

以上に説明した元老院議員の政治参加のシステムは、強力な軍事指導が必要となるような事態、つまり帝国が外敵の攻撃を受けて慢性的な戦争状態に陥るようなことが生じさえしなければ、充分機能したはずであった。しかし、マルクス帝の時代には、その前提が崩れてしまったのである。相次ぐ将軍の敗死、敵の同盟の大侵入、長引く戦い。マルクスが先に述べたポンペイアヌスやペルティナクスらを登用したのは、もはや旧来の人材登用システムではこの危機を克服できないと考えたからであろう。マルクスの登用で戦争指導を行う職務に抜擢された人々の中には、属州出身者や騎士身分家系の出身者以外に、騎士身分から元老院議員身分に編入するという措置によって登用された者も目立つ。マルクス帝の伝記史料は、皇帝がずいぶん多くの人々を編入措置で元老院に入れたとはっきり記述している。

騎士身分の公職には、ハドリアヌス帝時代に純粋な文官経歴が導入されていたが、主たる職務は武官としての仕事であり、アマチュア的な元老院議員に比してはるかに軍事の専門家であった。そのいわばプロフェッショナルな力をマルクスは元老院議員に昇格させて使ったのである。

マルクスは、騎士身分家系の出身者を重用したり、途中で元老院議員に編入して登用したりしただけではない。それまで武官と宮廷の官吏に一代限り与えられていた騎士身分を、元老院議員身分と同様に世襲とし、三親等まで拡大した。騎士身分それ自体の強化を図ったのである。属州総督が軍人的傾向を強めたため、文官的職務の充実を配慮しなければならなかったマルクスは、ここでも騎士身分のプロクラトル職の数を増やして対応している。

このようにしてマルクスは、以前とは異なった、出自にとらわれぬ能力主義の原理を人材登用に導入し、帝国統治にプロフェッショナリズムを持ち込んだ。そして、その力で危機を乗り切ったのである。

しかし、同時に、マルクスの措置は、元老院議員を基盤において成り立つ皇帝政治に、変革への重大な一歩をもたらした。三世紀に入るとマルクスが踏み出した一歩は加速して、騎士身分がその身分のままで帝国統治の重要職務を担うことが増加し、一方で元老院議員が皇帝の指導の下で第一の政治支配層として帝国統治の実際に携わるという皇帝政治の本質が失われてゆくようになる。対外的危機が深刻化してゆくにしたがって、軍事と民政の専門化はさらに進行した。やがて、三世紀の末には、元老院議員階層に基盤をおくのではない、直属の騎士身分に支えられた皇帝の専制的体制――後期ローマ帝国の皇帝政治――が成立するのである。

### 人間マルクス・アウレリウス

共和政末期の政治家で雄弁家として知られるキケロや、古代末期の教父（キリスト教の学者）を代表するアウグスティヌスが伝えている逸話に、次のようなものがある。かのアレクサンドロス大王が海賊を捕らえて「どういうつもりで海を荒らすのか」と尋ねたところ、海賊は次のように言ったという。「それは、大王よ、貴方が全世界を荒らすのと同じだ。私は小さな船でするから海賊といわれるし、貴方は大艦隊ですから帝王といわれるだけだ」。
マルクス帝はおそらくこの逸話を念頭に、『自省録』の中で次のように書いている。

蜘蛛は蠅を捕まえてそれを誇る。ある者は野ウサギを捕らえて、またある者は鰯を網で捕らえて得意になる。別のある者はイノシシを、ある者は熊を捕らえて誇らしくする。サルマティア人を捕らえて誇る者もいる。ところで、これらのものを捕らえて誇る者たちは、その原理を考えてみるならば、皆盗賊ではないか。

サルマティア人とはマルコマンニ戦争で彼が戦った相手であるイァジュゲス族のことであり、それを捕らえて誇るのはローマ軍兵士で、マルクスはその総司令官であった。自らの行為をそのように解しながらも、彼はローマ皇帝ゆえ、サルマティア人との戦いを続けねばならなかったのである。
希望や野心からではなく、義務として皇帝となっていたマルクス・アウレリウス。彼の人柄を知るには、その著『自省録』を読むことがいちばんの近道であろう。古代の伝記史料は、彼が周囲の人々に対して温情に満ちており、几帳面であったけれども決してうるさ型ではなく、また遠慮がちではあったが臆病でもなかったとその性格を伝えている。

とにかく彼は真面目な人であった。闘技場で民衆に娯楽の見せ物を提供しているときも、彼自身はロイヤル・ボックスで文書を読んだり署名したりする仕事をしていた。そのためしばしば民衆に冷笑されたのである。ローマの民衆は、自分たちとともに見せ物を楽しみ、一体となってくれるネロのような皇帝を歓迎した。マルクスの実子で後継者となったコンモドゥス帝は、見せ物を民衆とともに楽しむどころか剣闘士の格好をして実際に競技に参加し、元老院議員たちから軽蔑の視線を浴びて不肖の息子のレッテルを貼られたが、民衆にとっては真面目な父帝よりもコンモドゥスの方がお気に入りであったかもしれない。

マルクスの真面目な性格が、その奉ずるストア哲学の信条からきているものか生来のものであるのかはわからない。ただ、多事多難な時期にこのような性格の人物が皇帝となって大帝国の責任を一身に負わねばならなくなったことは、ローマ人にとっては幸いであったかもしれないが、当の本人にとっては悲劇以外の何ものでもなかった。

マルクス・アウレリウス帝は、後世において、不肖の息子コンモドゥスを跡継ぎにしたことで非難された。また、治世後半に生じたキリスト教徒迫害事件のために責められることもある。彼は皇帝の立場にあって、当時可能なあらゆる努力をしたのであろうが、状況は悪く、運もなかった。しかし、理由の如何にかかわらず、その責任を問われるのが皇帝の運命である。

『自省録』の中で、理性的な動物の生きる目的とは最も尊重すべき宇宙大の国家の理性と法に従うことと記しながら、現実にはその地上の影のごときローマのために自分を押し殺して皇帝の義務に忠実であろうと努めたマルクス帝の姿は、ローマ皇帝たちの中でもひときわ印象的である。その意味で、ローマ帝国の最盛期の終わりを飾るに相応《ふさわ》しい「賢帝」であったといえよう。

# エピローグ——最盛期のローマ帝国を支えたもの

## ローマ帝国の光と陰

古代世界にあってなぜローマ人だけが地中海を内海とするような大国家を築くことができたのか。この問題は古くから多くの人々によって探求され解答を試みられてきた。また、繁栄したローマ帝国はなぜ滅んだのか。この問いもまた、今日「ローマ帝国衰亡原因論」として論争が整理されるほどに多くの論議を呼んできた。それに比べて、最盛期のローマ帝国に焦点を当て、繁栄した時代の帝国を支えたものは何かという問いに正面から取り組んだ試みは意外に少ない。興隆を論じる際の到達点や衰亡を語る際の前提として取り上げられることはあっても、最盛期の帝国それ自体に価値と問題を見出し積極的に論じた書物は多くないのである。本書は、政治の面で最盛期のローマ帝国を支えたものは何かという大きな問題を考えようとした小さな試みであった。

「輝ける世紀」と副題に掲げながらも、本書に叙述された紀元二世紀の像はあまり明るくない。徳望ある理想的な君主たちが元老院と協調して政治を行い、また元老院内の優秀な人材を養子にして帝位を継がせるシステム（養子皇帝制）が機能して帝位をめぐる内乱が生ずることもなく、国の内外が安定した平和な時代、というような五賢帝時代についての一般的説明に慣れた読者がおられたら、本書の語る五賢帝時代像を読んで驚かれたであろう。本書では、最盛期ローマ帝国の「光」よりも「陰」の部分を取り上げることの方が多かったのである。

しかし、「プロローグ」で書いたように、この「陰」の部分にこそ、この時代を輝かしめた根源的な力を発見する糸口が隠されているのではないかと私は考えた。そして、政治過程を調べてゆくうちに、一般的説明とは相容《あいい》れない実態を発見した。

まず、学者たちが五賢帝時代の政治的安定の秘密と考えてきた「養子皇帝制」なるものは、実際には見出し難いものであることが明らかになった。平和にみえるこの時代でも皇帝位継承は常に紛糾し、現実の力関係の中で後継者は決定した。静穏のうちに帝位が継承された唯一のケースは世襲に等しいものであった。結局、この時代の皇帝の養子縁組は、世襲する実子がないための擬制的手段に過ぎなかったのである。諸皇帝が元老院を尊重し良好な関係を保ったことも、この時代の政治的安定を支えるものとして重要であると学者たちは指摘してきたが、皇帝たちにとって本当に重要だったのは、「尊重する」というようなポーズではなく、元老院議員をいかに自己の支持集団として組織し帝国統治にその力を生かすかということであった。ネルウァやハドリアヌスが遭遇した困難の分析から判明したように、この点で、五賢帝の全員が常に成功していたわけではなかったのである。

数多くのプロソポグラフィー的研究や著書『ローマ社会史』で有名な、G・アルフェルディ教授は、紀元二世紀の前半を「身分《オルド》」を持つ社会としてのローマ社会の構造が最も安定した時期と捉えている。たしかに、この時代は元老院議員身分を頂点にした階層構造（一一一ページの図参照）が明瞭に把握でき、階層間の社会的流動性も穏和な程度で有効に機能していたようにみえる。トラヤヌス以降の賢帝たちは、この安定した社会構造の上に立って、比較的長い統治期間を皇帝として務めたのである。

短い治世で終わった老帝ネルウァを除けば、トラヤヌス以降の賢帝たちは皆、属州都市家系の出身者であった。そして、その皇帝家の周辺では、ハドリアヌス帝の治世を論じた第三章で明らかにされたように、婚姻関係でイタリア、スペイン、ガリア（おもに現在のフランス）など各地の元老院議員家系の広い結びつきがみられる。一九八〇年代以降のローマ家族史研究の高まりの中でよく知られるようになったが、帝政初期のアウグストゥスとユリウス・クラウディウス朝諸皇帝の周辺では、近親結婚の網の目が張り巡らされ、権力の中枢部が閉鎖的な親族集団をなしていた。これに対し、紀元二世紀の場合は、皇帝の政権が各地の貴族の連合のようである。

このように帝国各地の元老院議員家族の間に広く婚姻関係が結ばれていたことは、それによって生じる親族の意識・感情を媒介として、元老院議員階層を結束させ、皇帝権力を支える基盤を強固なものとしていたであろう。賢帝たちが安定した社会の階層構造の上に立ち、その最高位の元老院議員階層を広範囲にわたり支持基盤としつつ、彼らと不可分の関係を保つことによって帝国を統治できた。これこそが、最盛期ローマ帝国の内政安定の秘密といえよう。

**危機と変革の時代へ**

さて、このように五賢帝時代を解釈した場合、それに続く衰退と混乱の時代への変化はどのように説明できるであろうか。ローマ帝国は、紀元三世紀に入ると、帝国北方のゲルマン系の諸部族や東方のササン朝ペルシア（紀元二二六年にパルティアに取って代わったイラン系国家）の恒常的侵入を受けるようになり、皇帝たちは領土防衛に忙殺されるようになった。皇帝は軍隊によって擁立され、短期間統治したのち、同じく軍隊によって殺害されたり、外敵との戦闘によって死亡したりして、次々交代したが、彼らの多くは元老院議員ではなく、一兵卒からのたたき上げの軍人であった。二三五年以降の軍人皇帝時代といわれる時期には、政治はこのような状態で乱れ、安定した帝国統治のための連続的な政治運営ができなくなった。経済状態も極度の不振に陥って、帝国は全面的な混乱状態となった。そして、三世紀の末に低い身分から身を起こし兵士として出世を遂げた軍人皇帝の一人ディオクレティアヌスが、乱れ衰えた帝国を統一し再興することに成功した時、そこに出来上がった政治体制は、皇帝が専制的な権力をもち現人神《あらひとがみ》に近い存在となるもので、アウグストゥスの始めた皇帝政治とはまったく異なるものだったのである。

このような大きな変化は五賢帝時代末期に始まる。本書第四章で詳しく述べたように、マルクス・アウレリウス時代に生じた長期にわたる戦争は、それまでの固定化された経歴や穏やかな人材登用ではもはや充分な対応ができない状況をつくりだした。三世紀には、この傾向は帝国の対外的危機の深刻化の中でいっそう強まった。このため、教養はあるがアマチュア的な将軍・政治家たる元老院議員よりも、行政と軍事の専門的人材の方が帝国統治の中枢で幅を利かせるようになっていった。第二の身分である騎士身分の台頭である。三世紀の後半になると、元老院議員は軍団司令官や高級将校の職から外され、帝国統治の要の属州総督職も次第に騎士身分に置き換えられるようになる。そして、この騎士身分に帝国統治を支えられたものとして、ディオクレティアヌスの帝国が登場してくるのである。三世紀の混乱の時代には皇帝自身も修辞学教育とは縁のない人々が就くようになり、皇帝政治は元老院議員階層からすっかり遊離してしまった。

こうしたその後の変化の過程を見れば、五賢帝時代の皇帝たちがローマ社会の最高身分である元老院議員階層に支えられて、いかに安定した基盤に立っていたかがよく理解されるであろう。この意味で、五賢帝時代の「陰」の面を強調した私も、紀元二世紀を帝国の最盛期、皇帝たちの「輝ける世紀」と呼びたいのである。

五賢帝時代ローマ帝国の政治過程を研究したり叙述したりすることは容易でない。その最大の理由は、史料となる文学作品に同時代の信憑性の高いものがなく、後世に書かれた問題が少なからずある史書に依拠しなければならないからだ。しかし、碑文などを材料にして当時の政治に関わった人々のデータを収集し分析する「プロソポグラフィー的研究法」の発展が、この文学的史料の乏しい時代に新しい考察の手段を与えてくれた。本書は、その成果を取り入れながら、かつ文学作品にも独自の解釈を加えつつ、この時代の政治の世界を描き出そうとした試みであった。「プロソポグラフィー的研究法」は名前、出身地、経歴しか記録に残っていないような人物すら政治の表舞台に登場させるから、本書でも耳慣れない人名が数多く登場して、読者には少し煩わしかったかもしれないが、この方法によって、ローマ皇帝たちを古代の文学作品がともすれば与えがちな孤立した独裁者という単純な虚像・偶像から解き放ち、政治支配層の支持と好意を得ることによって初めて権力を維持できる人間臭い実像として描き出すことが可能となったのである。

とはいえ、いかに子細を調べ考証を重ねたとしても、古代史の分野で構築された時代像は所詮仮説の域から逃れることはできない。この書物の中で私が提示した紀元二世紀の像、皇帝たちの像も私独自の仮説である。ただ、ここで読者に、一九〇〇年も前の異邦の君主たちが生きた時代の生々しさをおぼろげながらでもつかみとっていただけたなら、私の仮説は一応成果を得たことになるであろう。

# 参考文献

本書の内容に関わる研究文献は、拙著『ローマ皇帝とその時代——元首政期ローマ帝国政治史の研究』（創文社、一九九五年）の巻末に整理して掲げてある。紀元二世紀のローマ帝国、とくにその政治について専門的に論じた書物は、現在のところわが国ではこの拙著以外にはないので、最盛期のローマ帝国について興味を持たれた方は、拙著やその参考文献リストに掲げられた史料集、研究文献をさらに参照いただければ幸いである。拙著公刊後に現れた本書にも関係の深い出版物を三点、次に紹介しておこう。

・伊藤貞夫・本村凌二（編）『西洋古代史研究入門』東京大学出版会、一九九七年三月
・桜井万里子・本村凌二『ギリシアとローマ』中央公論社、一九九七年一〇月
・桑山由文「元首政期ローマ帝国における近衛長官職の確立」『史林』第七九巻二号、史学研究会、一九九六年三月

本書でスエトニウス『ローマ皇帝伝』を國原吉之助氏訳（岩波文庫所収）で引用したが、五賢帝時代のスエトニウスやタキトゥスの歴史作品は、賢帝たちの統治の前提となる紀元一世紀の帝国政治を知るための重要史料である。両作家とも國原氏の訳で楽しむことができるので、一読をお奨めしたい。

なお、本書冒頭で紹介したハドリアヌス帝のギリシアに対する援助やその意義について

は、次の拙稿が詳しく取り上げている。

・「ローマ帝国とギリシア文化」藤縄謙三（編）『ギリシア文化の遺産』南窓社、一九九三年四月、所収

また、本書第二章でふれたローマにおける教育については、次の拙稿が簡単な概観を与えている。

・「ローマ人の社会と教育」『ユスティティア』創刊号、ミネルヴァ書房、一九九〇年三月、所収

英語が読める読者には、数多くの文献の中でも、まずA・R・バーリー教授のマルクス・アウレリウス帝に関する伝記をお奨めしたい（A. Birley, *Marcus Aurelius: A Biography*, Batsford, London, 1987)。マルクス帝の生涯だけでなく、五賢帝時代のローマについて広範な知識を与えてくれる好著である。ペンギン叢書中の *Lives of the Later Caesars* は、このバーリー教授が本書で何度も引用した古代のラテン語皇帝伝記集『ローマ皇帝群像《ヒストリア・アウグスタ》』の前半部分を英語に訳したものである。伝記の残っていないネルウァ帝とトラヤヌス帝についても訳者がその生涯を簡潔に叙述しており、すこぶる便利で興味深い。なお、バーリー教授は、一九九六年一一月にオックスフォード大学にて私が面会したとき、ちょうどハドリアヌス帝に関する伝記的研究書の原稿を出版社に渡されたところであった。その書物は *Hadrian: The Restless Emperor* の題名で Routledge 社から一九九七年に出版されたが、本書の叙述に参考にするには間に合わなかった。

# あとがき

一九九五年の秋に、私は大学院時代以来の研究成果をまとめ、『ローマ皇帝とその時代――元首政期ローマ帝国政治史の研究』（創文社）という書物を出版した。この書物は、シーザーの後継者オクタウィアヌス（アウグストゥス）が創始した皇帝政治（元首政）の本質を、それが機能した紀元一世紀から三世紀前半までの政治史を考察しつつ解明することを目的としたものである。書物の基本は研究論文集であったが、個別問題の検討だけでなく、その成果に基づいて、「ローマの平和」といわれたこの時代の帝国を、時間の流れとともに一貫した形で描き出すことをも試みた。それが講談社現代新書編集部の堀沢加奈氏の目に留まり、私が展開した議論をもとに、政治史の面白さをより広い読者に伝えてみてはどうかとのお誘いをいただいた。その頃、私は京都大学後援会の基金でロンドン大学古典学研究所で研修中であった。申し出を受け、英国滞在中に少しずつ構想を練り、帰国後書き上げたものが本書である。わが国では充分には知られていないこの時代について一般読者のための書物を著すことができたのは、執筆をお誘いくださり、編集実務をこなしてくださった堀沢氏の力に負うところが大きく、厚く御礼申し上げる。

旧著は一般に元首政と呼ばれる前期皇帝政治の時代全般を扱っていたが、本書では私の独自の歴史解釈が最も明瞭に表れている紀元二世紀の「五賢帝時代」に絞った。そして、旧著にまとめられた研究成果に基づきつつも、皇帝の人柄を表すエピソードなど興味深い話題を盛り込んで、ローマ帝国最盛期の政治とそれに関わる人々の姿を具体的に描いてみた。

英国滞在中、本書でしばしば引用した皇帝伝記集『ローマ皇帝群像《ヒストリア・アウグスタ》』の研究を進め、またヨーロッパ各地で賢帝たちにゆかりの遺跡や遺物を見ることができたのは幸いであった。本書「プロローグ」で紹介したイングランド北部のハドリアヌスの長城やギリシア・アテネのハドリアヌス帝関係遺跡をはじめ、ローマのトラヤヌス広場、マルクス・アウレリウス帝記念柱などを訪ねて、「輝ける世紀」に思いを馳せるのは楽しかった。その気持ちの幾分かでも本書の中に込めることができればと願ったつもりである。本書の基礎になっている政治史に関する解釈は旧著でまとめた研究成果に基づいているが、こうした意味で、本書は英国滞在の産物であるといえる。本書を構想しながら通ったロンドン南部郊外の町サトンから市中の研究所までの風景は、今でも懐かしく思い出される。ロンドン大学の Michael Crawford 教授、John North 教授、Mark Hassall 博士、オックスフォード大学の Fergus Millar 教授、ケンブリッジ大学の Keith Hopkins 教授、Christopher Kelly 博士。お世話になった方々の親切な笑顔が次々と浮かんでくる。一〇ヵ月間のロンドン滞在中、私の一家の生活を助けて下さった日本企業駐在員の家族の皆さんにも、この場を借りて御礼申し上げたい。当時清水建設ロンドン営業所の所長として滞英中であった義兄の昌保維郎氏（現海外事業本部営業企画部長）には、生活のためのアドヴァイスからロンドン市内の古代遺跡の見学まで本当にお世話になった。衷心から感謝の言葉を申し上げる次第である。

末筆になったが、一九九八年三月に京都大学を定年退官される恩師服部春彦先生に、二〇年間の長きにわたる御指導に感謝して、本書を献呈したい。

一九九七年一一月

南川高志

# ローマ五賢帝関係年表

| 西暦 | ローマ帝国関係 | それ以外の世界の動き |
|---|---|---|
| 紀元前 七七〇 | | 中国・周王朝の東遷。春秋時代始まる。 |
| 七五三 | ローマの建国（伝説）。 | |
| 五九四 | | アテネでソロンの改革。 |
| 五二五 | | アケメネス朝ペルシア、オリエントを統一。 |
| 五〇九 | 王政が廃止され、共和政樹立される。 | |
| 五〇八 | | アテネでクレイステネスの改革。 |
| 四九〇〜 | | ペルシア戦争。 |
| 四三一〜 | | ペロポネソス戦争。 |
| 三三〇 | | アレクサンドロス大王、アケメネス朝ペルシアを滅ぼす。 |
| 三二三 | | アレクサンドロス大王没。部下の争い始まる。 |
| 二七七 | | ヘレニズム三国家が確立。 |
| 二七二 | ローマのイタリア半島統一完成。 | |
| 二六八頃 | | インド、アショーカ王即位。 |
| 二四一 | 第一次ポエニ戦争終結。ローマ、初の属州設置。 | |

| | | |
|---|---|---|
| 二二一 | | 秦の始皇帝、中国統一。 |
| 二〇二 | | 劉邦、前漢を建国。 |
| 一四六 | 第三次ポエニ戦争終結。ローマ、カルタゴを破壊。マケドニアと北アフリカを属州とする。 | |
| 一四一 | | 前漢の武帝即位。 |
| 一三三 | グラックス兄弟の改革（〜一二一）。 | |
| 一二九 | ローマ、ペルガモン王の遺領に属州アシアを設置。 | |
| 八二 | スラ、独裁官となる。 | |
| 六四 | ポンペイウスがセレウコス朝シリアを滅ぼす。 | |
| 六〇 | カエサル、ポンペイウス、クラッススによる第一回三頭政治始まる。 | |
| 五八 | カエサルのガリア遠征（〜五一）。 | |
| 四九 | カエサル、ルビコン川をわたり、内乱始まる。 | |
| 四八 | カエサル、ポンペイウスを破る。 | |
| 四四 | カエサル、終身独裁官となる。カエサル、ブルトゥスやカッシウスらに暗殺される。 | |
| 四三 | オクタウィアヌス、アントニウス、レピドゥスによる第二回三頭政治始まる。キケロ、殺害される。 | |
| 三一 | アクティウムの海戦で、オクタウィアヌスがアントニウスとクレオパトラの連合軍を破る。 | |
| 三〇 | アントニウスとクレオパトラ自殺。プトレマイオス朝滅亡して、エジプトはローマの属州となる。 | |

| | | |
|---|---|---|
| 二七 | オクタウィアヌス、戦時の大権を返還し、前執政官命令権を与えられる。オクタウィアヌス、アウグストゥスの称号を授与される。 | |
| 二三 | アウグストゥス、護民官職権と上級の前執政官命令権を獲得。 | |
| 一九 | アウグストゥス、執政官職権を獲得。 | |
| 紀元後 | | |
| 八 | | 中国、前漢王朝滅亡。 |
| 一四 | アウグストゥス没し、養子のティベリウスが即位。 | |
| 二五 | | 劉秀、後漢を建国。 |
| 三〇頃 | イエスが十字架刑に処せられる。 | |
| 三七 | ティベリウス没し、甥の子ガイウス（カリグラ）が即位。 | |
| 四一 | ガイウス（カリグラ）暗殺される。叔父のクラウディウスが即位。 | |
| 四三 | クラウディウス、ブリテン島親征。属州ブリタンニアの成立。 | |
| 五四 | クラウディウス暗殺され、養子のネロが即位。 | |
| 五七 | | 倭の奴国王、中国より金印を受ける。 |
| 六五 | ピソの陰謀事件。哲学者セネカ自殺。 | |
| 六六 | ユダヤ反乱始まる（～七一）。ネロ、ギリシアを旅行。 | |

| | | |
|---|---|---|
| 六八 | ウィンデクスの反乱。ルフスにより鎮圧される。ネロ自殺。ガルバ即位。 | |
| 六九 | ガルバ殺害され、オト即位。第一ベドリアクムの戦いでオト敗北し、自殺。ウィテリウス即位。第二ベドリアクムの戦い。ウィテリウス敗死。ウェスパシアヌス即位。 | |
| 七九 | ウェスパシアヌス没し、長男ティトゥス即位。ウェスウィウス（ヴェスヴィオ）山大噴火し、ポンペイなど埋没。 | |
| 八〇 | コロッセウム（コロッセオ）完成。 | |
| 八一 | ティトゥス没し、弟ドミティアヌス即位。 | |
| 八九 | アントニウス・サトゥルニヌスの反乱。 | |
| 九一 | | 中国、班超、西域都護となる。 |
| 九六 | ドミティアヌス暗殺され、ネルウァ即位。《五賢帝時代始まる》 | |
| 九七 | ネルウァ、トラヤヌスを養子とする。 | |
| 九八 | ネルウァ没し、トラヤヌス単独皇帝となる。 | |
| 九九 | トラヤヌス、首都に帰還。 | |
| 一〇一 | 第一次ダキア戦争（～一〇二）。 | |
| 一〇五 | 第二次ダキア戦争（～一〇六）。属州ダキア成立。 | |
| 一一三 | トラヤヌスのパルティア遠征始まる。 | |
| 一一七 | トラヤヌス没し、ハドリアヌス即位。四元老院議員処刑事件起こる。 | |

| | | |
|---|---|---|
| 一一八 | ハドリアヌス、首都に帰還。 | |
| 一二一 | ハドリアヌス、最初の大旅行出発。属州ガリア、ゲルマニアを訪問。 | |
| 一二二 | ハドリアヌス、ブリテン島訪問。ハドリアヌスの長城建造開始（一三〇年代に完成）。 | |
| 一二三 | ハドリアヌス、スペイン訪問。のち、東方へ。 | |
| 一二四 | ハドリアヌス、シリア、小アジア、ギリシア訪問。 | |
| 一二五 | ハドリアヌス、首都に帰還。 | |
| 一二八 | ハドリアヌス、北アフリカへ旅行。のち、ギリシア、東方諸属州訪問。 | |
| 一三〇 | エジプトでアンティノウス死す。 | （一三〇？）インド、カニシカ王即位。 |
| 一三一 | ハドリアヌス、アテネ再訪。 | |
| 一三二 | ユダヤ反乱勃発。 | |
| 一三五 | ユダヤ反乱鎮圧。 | |
| 一三六 | ハドリアヌス、ケイオニウス・コンモドゥスを養子とする（アエリウス・カエサルの誕生）。セルウィアヌスとその孫フスクス死。 | |
| 一三七 | アエリウス・カエサル、属州パンノニア総督として赴任。 | |
| 一三八 | アエリウス・カエサル病死。ハドリアヌス、アントニヌスを養子とする。マルクス・アンニウス・ウェルス、アントニヌスの養子 | |

| | |
|---|---|
| | となる。 |
| | ハドリアヌス没し、アントニヌス単独皇帝となる。 |
| | マルクス、皇帝の娘ファウスティナと婚約。 |
| 一三九 | マルクス、カエサルの称号を授与される（アウレリウス・カエサルの誕生）。 |
| 一四五 | マルクス（アウレリウス・カエサル）、ファウスティナと結婚。 |
| 一六一 | アントニヌス没し、養子で女婿のマルクスがマルクス・アウレリウス・アントニヌスとして即位。マルクスは義弟ルキウスを共治帝とする。 |
| 一六二 | パルティアとの戦争（〜一六六）。 |
| 一六四 | マルクスの娘ルキッラとルキウスとの結婚。 |
| 一六七 | ランゴバルディ族とオビイ族、帝国領に侵入。 |
| | マルコマンニ戦争始まる。 |
| 一六八 | マルクス、ルキウスの両帝、北方遠征に出陣。 |
| 一六九 | ルキウス病死。マルクス、再び北方国境地帯へ出陣。 |
| 一七〇 | 北方諸部族の北イタリア大侵入。北方国境地帯で戦闘続く。 |
| 一七五 | サルマティア系イァジュゲス族と講和。 |
| | アウィディウス・カッシウス、シリアで反乱。マルクス、東方へ。 |
| | カッシウス暗殺され、反乱終結。 |

| | | |
|---|---|---|
| 一七六 | 皇后ファウスティナ没。マルクス、首都に帰還。 | |
| 一七七 | コンモドゥス、アウグストゥスの称号を授与される。 | |
| 一七八 | マルクス、北方へ出陣。 | |
| 一八〇 | マルクス没し、コンモドゥス単独皇帝となる。<br>《五賢帝時代終わる》<br>コンモドゥス、講和を結んで首都に帰還。マルコマンニ戦争終結。 | |
| 一八四 | | 中国、黄巾の乱始まる。 |
| 一九二 | コンモドゥス暗殺される。 | |
| 一九三 | ペルティナクスが即位するも、三ヵ月後に殺害される。ディディウス・ユリアヌス即位。ニゲル、アルビヌス、セウェルスが反乱。内乱状態に。 | |
| 一九七 | セウェルス、単独政権確立。 | |
| 二一一 | セウェルス没し、息子のカラカラ即位。 | |
| 二一二 | アントニヌス（カラカラ）勅令発布。帝国内全自由人にローマ市民権付与。 | |
| 二一七 | カラカラ殺害され、騎士身分で初めてマクリヌス、皇帝となる。 | |
| 二一八 | マクリヌス殺害され、エラガバルス即位。 | |
| 二二〇 | | 中国、後漢滅亡。 |
| 二二六 | | アルダシール一世、パルティアを滅ぼし、ササン朝ペルシアを興す。 |
| 二三五 | 騎士身分のマクシミヌス、皇帝となる。 | |

| | | |
|---|---|---|
| | （軍人皇帝時代の始まり） | |
| 二三九 | | 倭の女王卑弥呼、中国に使者を送る。 |
| 二六五 | | 中国、西晋王朝成立。 |
| 二八四 | ディオクレティアヌス即位、帝国再建の諸改革断行。 | |
| 三〇五 | ディオクレティアヌス退位。 | |
| 三〇六 | コンスタンティヌス大帝即位（〜三三七）。 | |
| 三一三 | ミラノ勅令でキリスト教を公認。 | |
| 三一六 | | 中国、西晋滅亡。五胡十六国時代始まる。 |
| 三二〇 | | インドでグプタ朝始まる。 |
| 三二五 | ニケア公会議。 | |
| 三六一 | 「背教者」ユリアヌス即位（〜三六三）。 | |
| 三七六 | ゲルマン民族の大移動始まる。 | |
| 三九一 | | 倭国、百済と新羅を攻撃。 |
| 三九二 | 皇帝テオドシウス、キリスト教以外の宗教禁止。 | |
| 三九五 | テオドシウス没し、帝国東西に二分される。 | |
| 四一〇 | 西ゴート族、ローマ市を占領。 | |
| 四七六 | 西帝国滅亡。 | |

# 学術文庫版のためのあとがき

本書は、一九九八年に出版された講談社現代新書『ローマ五賢帝――「輝ける世紀」の虚像と実像』を文庫化したものである。この書物は、私の学位論文となった研究書『ローマ皇帝とその時代――元首政期ローマ帝国政治史の研究』（創文社、一九九五年）において発表した研究成果を踏まえて、最盛期ローマ帝国の政治面を中心とした実態を、一般読者に知っていただけるように書き下ろしたものであった。わが国でも「五賢帝時代」の名で知られる平和と安定の時代について、その実像を解き明かし、ローマ帝国の繁栄を深部で支えたものは何であったのか、私なりに説明しようとした、ささやかな試みであった。出版後に、同じ講談社現代新書で名著『ローマはなぜ滅んだか』（一九八九年）を出されていた弓削達先生に本をお届けしたところ、「講談社からは、数年前から『ローマはなぜ栄えたか』を書けといわれていましたが、これで私の義理はなくなったものと、その意味でも大変喜んでいます」と書かれたお葉書をいただいた。もし弓削先生が同じテーマで書かれたら、はるかに読者を引きつける作品を発表されたであろうと思うと、申し訳ないような気もしたが、初めて啓蒙書を一人で書かせてもらった達成感は、今も記憶に残るほど嬉しいものであった。

この書物は、叙述のベースをなす研究蓄積があったこともあり、短時間で書き上げた。このたび、同じ講談社の学術文庫の一冊にとの話をいただいて改めて読み返し、その後の学界の進展を踏まえて修正を加えようと最初は考えたが、結局、字句を修正し一部の写真を入れ替えただけで、大きな変更は止めることにした。出版後一五年も過ぎて、海外では五賢帝時代に関係する研究はずいぶん進展し、皇帝の伝記的研究もいくつか出ている。碑文史料の分析や考古学情報の蓄積も大いに進んだ。しかし、本書のような、政治支配層の動向を基軸として政治史の展開を叙述したものはあまり見られず、わが国でも、最盛期ローマ帝国の政治史を扱った書物は、依然としてほとんどないといってよい。拙著の意味はまだありそうに思い、ほとんど改変することなく学術文庫として刊行していただくこととした。

もちろん、本書と同じようなテーマを扱ってはいないものの、五賢帝時代の政治史に関わりのある優れた書物が、わが国でもいくつか出版されている。とくに、本書と正反対の「暴君・愚帝」を扱っている新保良明著『ローマ帝国愚帝列伝』（講談社選書メチエ、二〇〇〇年）が、帝政期の政治史を一般の読者にわかりやすく興味深く語っており、また五賢帝時代に続く危機と混乱の三世紀について、井上文則著『軍人皇帝時代の研究』（岩波書店、二〇〇八年）が鋭く分析し、五賢帝時代との違いを明確に浮かび上がらせている。海外の書物の翻訳ではA・エヴァリット著（草皆伸子訳）『ハドリアヌス』（白水社、二〇一一年）と、R・シュヴァリエ、R・ポワニョ共著（北野徹訳）『ハドリアヌス帝』（白水社文庫クセジュ、二〇一〇年）をあげておきたい。前者には、解説を書く機会をいただいた。

書物の刊行後、私は文中でしばしば引用した古代末期のラテン語皇帝伝記集『ヒストリア・アウグスタ』を、桑山由文、井上文則両氏と共同で翻訳し、『ローマ皇帝群像』の名で京都大学学術出版会から刊行し始めた。五賢帝時代にかかわる第一分冊は二〇〇四年に出版し、その後も少しずつ共同で作業を続けて、最後の第四分冊（井上文則訳）に訳者三名による作品解説をつけて二〇一四年に刊行することで、ようやくこの事業を終了する予定である。

もっとも、この一五年間、五賢帝時代ローマ帝国の研究を横目に見ながらも、この書物の延長といってよいような政治史の研究を私はしていない。本書の刊行後から、私のローマ史研究の方針は大きく変わったのである。本書を執筆した頃までの私の研究は、当時の日本の西洋史研究者の多くと同じように、日本語で成果は発表するものの、内容では欧米の研究と同じようなテーマや方法で、欧米に追いつけ追い越せという姿勢であった。しかし、その後英国での在外研究を経験し、私は欧米の研究者と同じような観点で同じような研究を行うのではなく、西洋とは異なる生活と文化の世界で育ち生きる者として、欧米と異なった観点でローマ帝国史、そして西洋史を考えるべきだと思うようになった。そして、欧米の学界と研究を精査しつつも相対化し、歴史の対象を根本から考え、独自の視角からの解釈をできるだけ打ち出せるよう少しずつ努力した。さらに、ローマ帝国史の研究を、単に古代の分析に止めず、近代や現代の世界の歩みに関連づけて考え、古代史研究の現代における意義を明確化する試みも、わずかずつであるが進めつつ、今日に至っている。

私の新たな試みは、ローマ帝国を「地中海帝国」とみる慣れ親しんだ考え方を離れ、イタリア中心のローマ帝国史研究ではなく、「辺境」に視点を置いて帝国を再考するという作業から始まった。まず帝国の辺境属州の代表といってよいブリテン島を分析し、同時に、その後継である国家イギリスの近現代においてローマ帝国がどのように扱われたのかも検討した。こうした研究から、ローマ帝国の現代における意義を再考する問題提起ができるところまでたどり着いたので、二〇〇三年『海のかなたのローマ帝国――古代ローマとブリテン島』（岩波書店世界歴史選書）でその成果を公にした。

そうした研究の方向性を得て、ゲルマニア、ガリア辺境などについても勉強を進めたが、同時にローマ帝国史全部を見直そうとも思い立った。そして、帝国の衰退過程を取り上げ、これまでの辺境研究の成果を踏まえて検討を始めた。ローマ帝国衰退期は二〇世紀の終わり頃から研究が非常に盛んになり、その視野も非常に広いので、私の勉強は国家や社会のすべてにわたる充分な議論をするところまでは至っていないが、まずは政治史を中心にした叙述を試みたいと思い、基軸だけを『新・ローマ帝国衰亡史』（岩波書店岩波新書）にまとめ、二〇一三年五月に刊行した。そこでは、『ローマ五賢帝』では当たり前のように使われていた歴史概念が用いられていなかったり、限定的に使用されたりしている。例えば、ローマ帝国には近代以降のような「国境線」なるものは存在せず、帝国辺境では内外のコミュニケーションがローマ側で緩やかに管理されていたに過ぎないと説かれているし、「ゲルマン人」なる集団の捉え方には問題があるために用いられていない。

こうした私の研究の観点、方法は、歴史学界の動向を踏まえて選び取ったものであり、独善ではないつもりである。また、そうした自分の考えを、ドイツで公刊された古代学の論集において、英文で欧米に向けて説明したこともある（Takashi Minamikawa, The Power of Identity: A Japanese Historical Perspective on the Study of Ancient History, Angelos Chaniotis et al. (eds.), *Applied Classics: Comparisons, Constructs, Controversies*, Franz Steiner Verlag/ Stuttgart, 2009）。しかし、私の新しい立場は学界でも珍しく、一般の読者には『ローマ皇帝とその時代』や『ローマ五賢帝』で私が描いたローマ帝国像の方がわかりやすいだろう。

「ローマ五賢帝」は高校世界史の教科書でも言及されてきたが、書物が一九九八年に刊行された頃、皇帝たちの具体的なイメージや当時の政治状況などはわが国読書界ではほとんど知られていなかった。その後、作家塩野七生氏の『ローマ人の物語Ⅸ　賢帝の世紀』（新潮社、二〇〇〇年）が現れ、また映画『グラディエーター』が公開されて（二〇〇〇年）、その冒頭に拙著で論じている「マルコマンニ戦争」が再現され、グラディエーター・サンダルなる女性用の履物まで登場した。さらに、ハドリアヌス帝時代のローマを舞台にしたヤマザキマリ氏の漫画『テルマエ・ロマエ』とその映画化によって、日本でも最盛期ローマ帝国はいっそう近しいものとなり、皇帝ハドリアヌスばかりか、アエリウス・カエサルやアントニヌス・ピウスまで日本人に知られるようになった。隔世の感があるが、そのような中で拙書が学術文庫という形で新たに読者の手に取っていただくようになるのは、著者にとって大いなる喜びであり、機会を与え編集の労を取ってくださった講談社の梶慎一郎氏に、心より御礼を申し上げたい。

「エピローグ」でも書いたように、この書物ではプロソポグラフィーという研究手法を用いており、そのために日本人読者に馴染みのないローマ人の名前が数多く登場し、少々煩わしいかもしれないが、お読みいただければ、一九〇〇年の時を経てもなお変わらない、政治の世界のドラマとそこで格闘する人々の生き様を理解していただけるのではと愚考する。映画、漫画、小説などを通じて初めてローマ帝国に関心をもった方にもぜひ読んでいただき、おそらく予想外の古代史のリアルさを実感していただければ幸いである。

二〇一三年九月

南川高志

KODANSHA

**図版等の典拠**

貨幣写真：R.A.G. Carson, *Coins of the Roman Empire,* London & New York, 1990

p.45, p.46：C. Carpano, *The Colosseum and the Imperial Fora,* Firenze,1982, p.5

p.40：B. Levick, *Vespasian,* London & New York, 1999, p.Ⅲ

以上の他の写真は、著者が撮影したものである。

**彫刻の所蔵先**

p.11 ハドリアヌス帝、p.27 アウグストゥス帝、
p.178 アントニヌス・ピウス帝＝大英博物館
p.74 トラヤヌス帝＝ウィーン美術史美術館
p.60 ネルウァ帝、p.187 少年時代のマルクス・アウレリウス、
p.194 ルキウス・ウェルス帝＝ケルン市ローマ＝ゲルマン博物館
p.127 ハドリアヌス帝、p.163 アンティノウス、
p.193 マルクス・アウレリウス帝＝ルーヴル美術館

本書の原本は、1998年に小社より刊行されました。

南川高志（みなみかわ　たかし）

1955年三重県生まれ。京都大学文学部卒業，同大学院文学研究科博士後期課程研究指導認定退学。京都大学博士（文学）。専攻は古代ローマ史。現在，京都大学名誉教授，佛教大学特任教授。おもな著書に『ローマ皇帝とその時代』『海のかなたのローマ帝国』『新・ローマ帝国衰亡史』ほか。

---

講談社学術文庫

定価はカバーに表示してあります。

ローマ五賢帝《ごけんてい》
「輝《かがや》ける世紀《せいき》」の虚像《きょぞう》と実像《じつぞう》
南川高志《みなみかわたかし》

2014年1月10日　第1刷発行
2024年10月4日　第4刷発行

発行者　篠木和久
発行所　株式会社講談社
東京都文京区音羽 2-12-21 〒112-8001
電話　編集（03）5395-3512
販売（03）5395-5817
業務（03）5395-3615

装　幀　蟹江征治
印　刷　株式会社広済堂ネクスト
製　本　株式会社国宝社
本文データ制作　講談社デジタル製作



---

ISBN978-4-06-292215-9

# 「講談社学術文庫」の刊行に当たって

これは、学術をポケットに入れることをモットーとして生まれた文庫である。学術は少年の心を養い、成年の心を満たす。その学術がポケットにはいる形で、万人のものになることは、生涯教育をうたう現代の理想である。

こうした考え方は、学術を巨大な城のように見る世間の常識に反するかもしれない。また、一部の人たちからは、学術の権威をおとすものと非難されるかもしれない。しかし、それはいずれも学術の新しい在り方を解しないものといわざるをえない。

学術は、まず魔術への挑戦から始まった。やがて、いわゆる常識をつぎつぎに改めていった。学術の権威は、幾百年、幾千年にわたる、苦しい戦いの成果である。こうしてきずきあげられた城が、一見して近づきがたいものにうつるのは、そのためである。しかし、学術の権威を、その形の上だけで判断してはならない。その生成のあとをかえりみれば、その根は常に人々の生活の中にあった。学術が大きな力たりうるのはそのためであって、生活をはなれた学術は、どこにもない。

開かれた社会といわれる現代にとって、これはまったく自明である。生活と学術との間に、もし距離があるとすれば、何をおいてもこれを埋めねばならない。もしこの距離が形の上の迷信からきているとすれば、その迷信をうち破らねばならぬ。

学術文庫は、内外の迷信を打破し、学術のために新しい天地をひらく意図をもって生まれた。文庫という小さい形と、学術という壮大な城とが、完全に両立するためには、なおいくらかの時を必要とするであろう。しかし、学術をポケットにした社会が、人間の生活にとってより豊かな社会であることは、たしかである。そうした社会の実現のために、文庫の世界に新しいジャンルを加えることができれば幸いである。

一九七六年六月

野間省一